AF588889

Conserver la couverture

8me ÉDITION

# LUCHON EN POCHE

PAR F. GIMET

LIBRAIRIE LAFONT

EDITEUR des VUES des Pyrénées par CICERI

40

ALLÉES D'ETIGNY

# LUCHON
## EN POCHE
# GUIDE DU TOURISTE & DU BAIGNEUR

RENSEIGNEMENTS DE TOUTE NATURE

SUR

LES HOTELS, LES BAINS, LES PROMENADES,
LES COURSES ET LES TARIFS

HUITIÈME ÉDITION

AUGMENTÉE DE DÉTAILS INTÉRESSANTS

SUR

**SIRADAN, SAINT-BERTRAND DE COMMINGES,
BARBAZAN, SAINTE-MARIE, etc.**

PAR FRANÇOIS GIMET
LIBRAIRE A TOULOUSE



LUCHON
LAFONT, LIBRAIRE-ÉDITEUR
40, ALLÉES D'ÉTIGNY, 40

1874

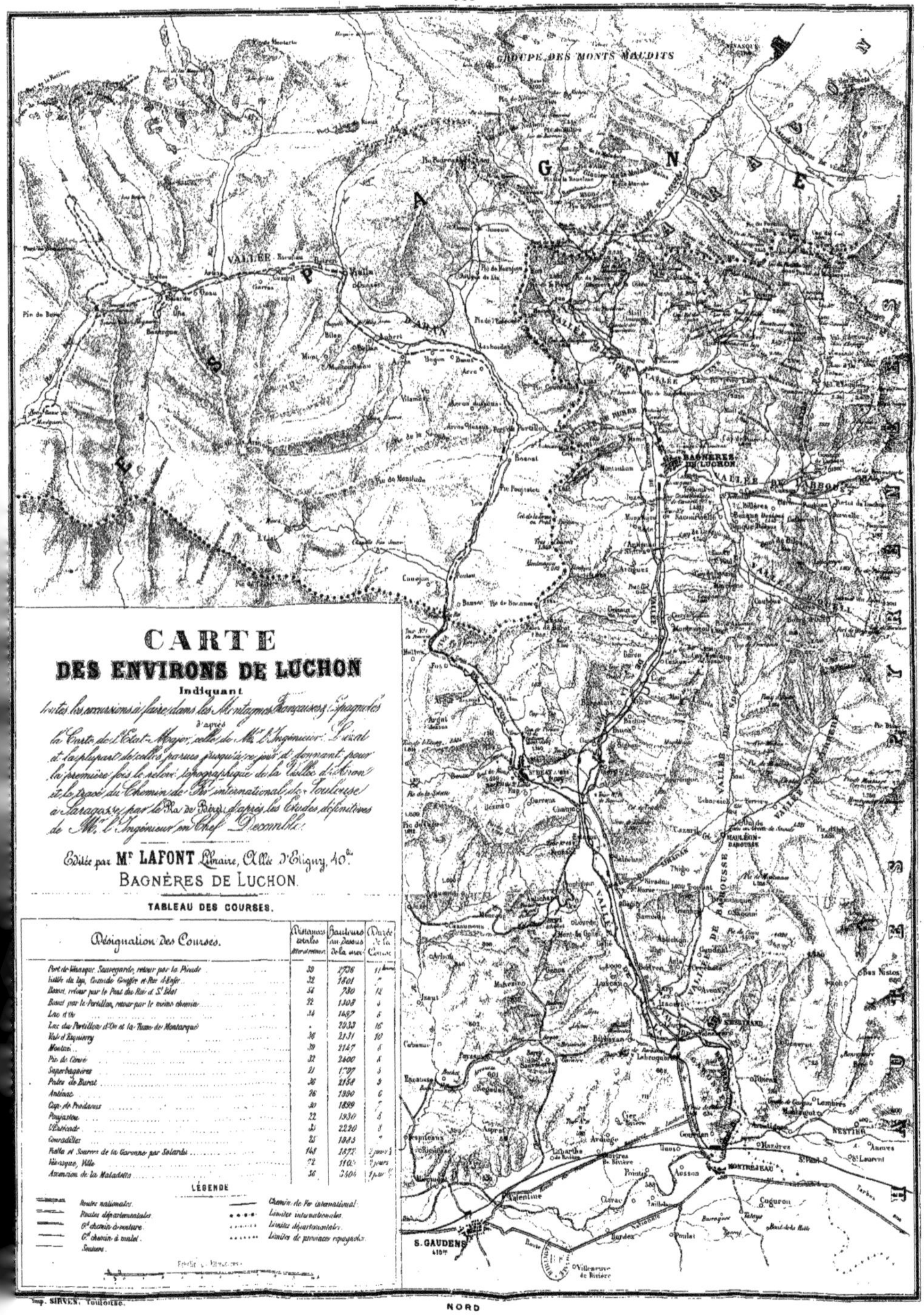


# CARTE
# DES ENVIRONS DE LUCHON

Indiquant

toutes les excursions à faire dans les Montagnes Françaises et Espagnoles d'après la Carte de l'État-Major, celle de Mr l'Ingénieur Lézat et la plupart de celles parues jusqu'à ce jour et donnant pour la première fois le relevé topographique de la Vallée d'Aran et le tracé du Chemin de Fer international de Toulouse à Saragosse par le Pla de Béret d'après les Études définitives de Mr l'Ingénieur en Chef Decomble.

Éditée par Mr **LAFONT** Libraire, Allée d'Étigny, 40.

BAGNÈRES DE LUCHON.

### TABLEAU DES COURSES.

| Désignation des Courses. | Distances totales aller et retour | Hauteurs au-dessus de la mer | Durée de la Course |
|---|---|---|---|
| Port de Vénasque, Sauvegarde, retour par la Picade | 30 | 2736 | 11 heures |
| Vallée du Lys, Cascade Gouffre et Rue d'Enfer | 32 | 1801 | " |
| Bosost, retour par le Pont du Roi et St Béat | 54 | 730 | 12 |
| Bosost par le Portillon, retour par le même chemin | 32 | 1308 | 5 |
| Lac d'Oo | 34 | 1497 | 6 |
| Lac du Portillon d'Oô et la Tusse de Montarqué | . | 2933 | 16 |
| Val d'Esquierry | 36 | 2131 | 10 |
| Montné | 30 | 2147 | 6 |
| Pic de Céciré | 32 | 2400 | 6 |
| Superbagnères | 21 | 1797 | 5 |
| Poles de Burat | 36 | 2158 | 9 |
| Antenac | 26 | 1990 | 6 |
| Cap de Prodaous | 30 | 1899 | 7 |
| Poujastou | 22 | 1930 | 5 |
| L'Entécade | 25 | 2220 | 8 |
| Couradilles | 25 | 1983 | " |
| Viella et Sources de la Garonne par Salardu | 148 | 1872 | 2 jours ½ |
| Vénasque, Ville | 72 | 1105 | 2 jours |
| Ascension de la Maladetta | 36 | 3404 | 1 jour ½ |

LÉGENDE

Routes nationales.
Routes départementales.
Gd chemin de voiture.
Gd chemin à mulet.
Sentiers.
Chemin de Fer international.
Limites internationales.
Limites départementales.
Limites de provinces espagnoles.

# COUP D'ŒIL PANORAMIQUE

Dans un riant vallon, abrité par de hautes montagnes, deux villes s'étalent indolemment sur les bords d'un torrent. Filles d'un même père, elles ont depuis longtemps des goûts différents. L'une vieille, simple, économe et laborieuse, c'est l'aînée ; l'autre coquette, prodigue, fière, n'offrant ses charmes qu'à de riches étrangers, est celle que M. d'Etigny dota de cette allée de tilleuls, ombreuse et lointaine, qui est encore son plus bel ornement.

Là s'échelonnent les hôtels, les restaurants, les cafés les plus en renom.

Aucune familiarité n'existe entre ces deux sœurs ; la population, du 15 mai au 15 octobre, se divise en deux parties bien distinctes : les *baigneurs* et les *indigènes*, ceux qui boivent et ceux qui ne boivent pas, ceux qui jouissent de la beauté du lieu et ceux qui l'exploitent.

De quatre à onze heures du matin, on ne voit que baigneurs et baigneuses allant de leur hôtel à la buvette et de la buvette à l'établissement thermal, car les médecins assurent qu'un bain n'est salutaire que tant qu'il est pris entre deux verres d'eau sulfureuse. Pendant ce temps, de nombreuses calèches apportent des flots d'étrangers, des convois de malades.

On sort du bain, on déjeune; les cafés s'emplissent. Musiciens, chanteurs, prestidigitateurs, danseurs catalans ou aragonais, viennent exhiber leurs talents et faire de fréquents appels à la générosité des spectateurs.

Les guides, montés sur des chevaux fringants, attendent les touristes devant la porte de leur hôtel; les cavalcades se forment, on va partir. Voyez-les : ils sont dix, quinze, vingt, ils défilent au petit trot. Les guides à leur tête font retentir l'air du clic-clac de leurs fouets. Les chevaux passent du *trot* au *galop*, ils dévorent l'espace, et l'allée qu'ils parcourent disparaît sous le nuage de poussière qu'ils soulèvent autour d'eux.

Sur la route, les troupeaux effrayés se dispersent ou se précipitent dans les fossés. . la cavalcade laisse bientôt derrière elle les prés, les hameaux, les bois, les coteaux verdoyants... et va se perdre enfin dans la montagne.

Les malades peuplent alors la vaste et silencieuse allée ; on les voit errer çà et là, absorbant les rayons de l'astre-roi. Quelques-uns vont, s'asseyant sur un banc, au pied de Super-Bagnères, écouter les charmants accords de l'orchestre toulousain, ou lire une de ces nouveautés littéraires dont le libraire Lafont a toujours la primeur.

D'autres, plus ingambes, font à pied le tour de la ville, longeant, sous un dôme de feuillage, le torrent de la *Pique* qui roule ses eaux vives et apéritives.

Les cavalcades rentrent bruyamment. Le souper est prêt. Les cloches des hôtels font entendre leur bourdon discordant. Les becs de gaz scintillent, et la lune, quand elle se met de la partie, répand sur tout le pays des flots de lumière.

Placé sous un pavillon rustique, en face des Thermes, l'orchestre du théâtre de Toulouse exécute ses meilleures symphonies, de brillants quadrilles et tout ce que l'art musical a produit de plus nouveau et de plus mélodieux.

Un auditoire élégant s'échelonne sur les *Quinconces* et respire un parfum de poésie, de bien-être, qu'on chercherait vainement ailleurs.

Les arbres de l'allée marient leurs grandes ombres et semblent médire entre eux des nombreux groupes qui la sillonnent en parlant tous les idiomes connus. Le sommet des montagnes s'illumine d'un rayon de joie; la tour de *Castel-Viel* se dresse dans le lointain et ressemble à une sentinelle placée en vedette contre l'invasion du chagrin et de l'ennui. Elle protége de son ombre le *dieu malin,* dont les nombreux disciples stationnent silencieusement dans les sentiers perdus de Super-Bagnères.

## CLIMATOLOGIE

Le climat de Luchon est doux, les chaleurs de l'été y sont tempérées par l'action des vents du nord auxquels la direction de la vallée donne un libre cours.

Si on veut jouir d'une belle saison, on ne doit

se diriger vers Luchon que du 25 au 30 mai; avant cette époque, on s'exposerait à ne jamais sortir que nanti d'un parapluie et de chaussures imperméables.

Le soleil se montre peu au mois de mai; en juin et juillet, il règne durant onze heures; août est le mois le plus chaud; septembre nous plaît davantage; pendant le mois d'octobre on jouit d'une douce température.

D'après les observations faites par M. LAMBRON, et consignées dans son ouvrage, les mois de juillet et août sont les deux meilleures époques pour prendre des bains.

Les vents d'ouest amènent toujours la pluie; les vents du sud et du sud-ouest ont le privilége des *orages*, mais les cimes des montagnes en attirant les nuages attirent aussi l'électricité; elles remplissent les fonctions de paratonnerre et préservent la vallée du feu électrique.

Les brouillards visitent cette vallée lorsque l'air est calme, mais ils ne résistent jamais au premier rayon de soleil.

Les personnes nerveuses ou malades des intestins devront s'abstenir d'aller à Luchon pendant le mois d'août; les mois de juin ou juillet doivent être préférés.

Les rhumatisants, les syphilitiques, et ceux dont les membranes muqueuses et les voies respiratoires sont attaquées, doivent choisir les mois de juin, juillet et août.

Les tempéraments lymphatiques ou scrofuleux, les maladies des os et de la peau ne sont parfaitement curables qu'en juillet et août.

## ARRIVÉE A LUCHON — INSTALLATION

Depuis 1873, le chemin de fer de Montréjeau allonge jusqu'à Luchon ses artères de fer, et couronne d'un panache de fumée les toitures ardoisées de Barcugnas. Il est impossible d'imaginer des sites plus pittoresques, des paysages plus grandioses que ceux qui se déroulent à chaque instant sous les yeux du voyageur, pendant les cinq quarts d'heure que dure le trajet de Montréjeau à Luchon.

Nous croyons être agréable à nos lecteurs en mettant sous leurs yeux le tableau indicateur des heures de départ et d'arrivée du chemin de fer.

| PREMIÈRE CLASSE | DEUXIÈME CLASSE | TROISIÈME CLASSE | STATIONS | Départs durant l'année | | Du 1er juillet au 30 septembre inclusivement. | | | |
|---|---|---|---|---|---|---|---|---|---|
| | | | | 631 Mixte. 1 2 3 CLASS. | 633 Omnib 1 2 3 CLASS. | 635 Omnib 1 2 3 CLASS. | 637 Omnib 1 2 3 CLASS. | 639 Direct 1 CLASS. | 641 Omnib 1 2 3 CLASS. |
| » | » | » | **BORDEAUX**....... *Dép.* | Soir. 11 10 | Matin 6 » | » | » | Matin 8 » | » |
| » | » | » | **TOULOUSE**....... *Dép.* | Matin 5 15 | Soir. 2 10 | Matin 9 10 | midi. | » | Soir. 5 15 |
| » | » | » | **MONTRÉJEAU**.... *Dép.* | Matin 9 35 | Soir. 5 41 | Soir. 1 6 | Soir. 3 8 | Soir. 4 30 | Soir. 8 8 |
| 95 | 75 | 55 | Loures-St-Bertr-de-C. | 9 52 | 5 54 | 1 19 | 3 21 | » | 8 21 |
| 85 | 1 35 | 95 | Saléchan............ | 10 6 | 6 10 | 1 34 | 3 32 | 4 56 | 8 38 |
| 55 | 1 90 | 1 40 | Marignac........... | 10 20 | 6 30 | 1 46 | 3 43 | 5 11 | 8 50 |
| 45 | 3 30 | 2 40 | **BAGNÈRES-DE-LUCHON.** | 10 52 | 7 2 | 2 18 | 4 11 | 5 43 | 9 22 |
| | | | *Départ.* | Matin | Soir. | Matin | Matin | Matin | Soir. |
| » | » | » | **BAGNÈRES-DE-LUCHON.** | 7 25 | 4 12 | 5 » | 9 » | 11 25 | 7 50 |
| 95 | 1 45 | 1 15 | Marignac........... | 8 4 | 4 45 | 5 33 | 9 33 | 12 2 | 8 25 |
| 25 | 2 | 1 45 | Saléchan............ | 8 20 | 4 57 | 5 44 | » | 12 14 | 8 37 |
| 75 | 2 55 | 1 85 | Loures-St-Bertr-de-C. | 8 38 | 5 10 | 5 55 | » | 12 25 | 8 48 |
| 45 | 3 30 | 2 40 | **MONTRÉJEAU**.... *Arr.* | 8 50 | 5 22 | 6 7 | 10 » | 12 37 | 9 » |
| 25 | 12 90 | 9 40 | **TOULOUSE**....... *Arr.* | Soir. 1 25 | Soir. 9 20 | Matin 9 35 | Matin » | Soir. 3 30 | Soir. 11 45 |
| » | » | » | **BORDEAUX**.......... | » | » | » | Matin 5 53 | 10 40 | » |

La gare n'est pas établie à Luchon, mais bien à Barcugnas.

En y arrivant, on trouve des omnibus qui conduisent les voyageurs à Luchon, pour la somme de : 0 fr. 60 par personne, 0 fr. 40 par colis.

A Luchon, on ne voit que deux classes d'étrangers : les malades et les touristes.

Les premiers ont quelquefois besoin de ménager leur bourse ; ils trouveront dans le centre de la ville des logements peu luxueux, mais suffisamment meublés et à bon marché.

Les seconds pourront s'établir sur le cours d'Etigny, aux environs de l'établissement, où ils trouveront des maisons ou des châlets élégants, meublés avec luxe.

On peut vivre à Luchon de toutes les manières : à table d'hôte, au restaurant à la carte, chez soi, en faisant faire la cuisine par la domestique de la maison.

Il est bon qu'on sache qu'il y a des saisons où, à Luchon, les prix baissent beaucoup. Pendant les mois de juin et de septembre, on vit plus commodément que pendant les mois de juillet et d'août, époque pendant laquelle le nombre des étrangers est considérable ; du reste, à Luchon comme partout ailleurs, on trouve logement et vivres à la portée de toutes les bourses. On peut donc dire avec raison que la vie n'y est pas plus chère que dans les autres stations thermales des Pyrénées.

## HOTELS RECOMMANDÉS

### ALLÉES D'ÉTIGNY

**Hôtel Arnative**, 44.
— **d'Angleterre**, tenu par SÉVEILLAC, 28.
— **des Bains**, tenu par MERENS, 81.
— **Bonnemaison**, tenu par VIDAL, 87.
— **de Bordeaux**, tenu par MOYNET, 15.
— **d'Étigny**, tenu par Mme HUGUET, 59.
— **de France**, 14.
— **du Louvre**, tenu par J. ESQUIÉ.
— **du Parc**, tenu par J. CALMEL, 32.

Ce magnifique établissement restauré à neuf se recommande par sa bonne tenue et son service : table d'hôte, restaurant à la carte, café, billards, cercle, salon de lecture.

Rien ne sera négligé pour satisfaire MM. les Etrangers. Service à toute heure. Ouvert toute l'année.

— **de Paris**, tenu par HUGUET, 19.
— **de la Poste**, tenu par GÉS, 29.
— **Sacaron**, tenu par lui-même, 55.

### RUE LEGRAND

**Hôtel Faillère**, tenu par SÉCAIL.

### RUE CAPITOU

**Hôtel de Mme Garcia**, cuisine bourgeoise.

### RUE DE LA CITÉ

**Hôtel Astrié**, tenu par lui-même.
— **des Boulevards**, tenu par DAUNIC.

### RUE D'ESPAGNE

**Hôtel Canton**, 41.

### RUE DES QUINCONCES

**Hôtel des Princes**, tenu par ESTRADE-BERDOT.

**Grand Hôtel Richelieu**, tenu par Louis Estrade, élève des premières maisons de Paris, et déjà depuis longtemps à Luchon.

Cet hôtel, nouvellement construit à l'entrée de la rue des Quinconces, est le plus vaste des Pyrénées. Il se recommande par sa tenue qui est irréprochable et par sa situation tout-à-fait exceptionnelle.

Grâce à sa situation, en face de l'Etablissement thermal, presque tous les appartements ont vue sur les Quinconces et l'établissement des Bains, tandis que ceux qui sont privés de ce ravissant coup d'œil se trouvent dédommagés par le splendide panorama du port de Vénasque et des autres montagnes qui l'entourent.

Construit dans le plus beau quartier de Luchon, cet hôtel a l'avantage de se trouver en face des terrains destinés au futur Casino, et d'avoir spécialement pour lui deux vastes cours intérieures et deux jardins anglais, séparés par la route d'Espagne et l'allée des Bains, des Quinconces, de l'Etablissement thermal. Quelques pas le séparent à peine des Buvettes, des Bains, du Kiosque où joue la musique. Ces avantages particuliers permettent aux malades de suivre leur traitement sans se déplacer pour ainsi dire.

Son luxe et son confort ne laissent rien à désirer : Table d'hôte de 150 couverts, richement décorée; Salons de Restaurant à la carte et à prix fait; Salons de réunion; Salons spéciaux et de compagnie; Salle de Concert, de Bal; Salon de lecture, etc.

Une Succursale, avoisinant l'hôtel, est réservée pour les personnes qui répugnent à se trouver dans une trop grande réunion. — Prix modérés.

**Maisons particulières.** Dans toutes les maisons de Luchon, il y a quelques chambres à la disposition des étrangers; tous les maîtres d'hôtel, tous les propriétaires sont pleins de prévenances à leur égard. Le plan de la ville que nous donnons à la fin du volume, indiquera le nom des propriétaires et le numéro des maisons garnies.

Cafés. Parmi les nombreux cafés qui s'échelonnent sur le cours d'Etigny, nous mentionnerons :

**Café Arnative**, 46.
— **Divan**, tenu par Castaing.
— **du Parc**, tenu par Calmel, 32.
— **Sacaron**, tenu par lui-même, 69.

Cercles. Les étrangers sont admis moyennant une rétribution mensuelle dans les cercles établis :

Au **Café-restaurant Arnative**, allées d'Etigny, 46.
A l'**Hôtel du Parc**, allées d'Etigny, 32.
Au grand **Cercle des Etrangers**, allées d'Etigny, 13.

## RENSEIGNEMENTS UTILES

Poste aux Lettres, rue d'Espagne, 7.

*Bureaux supplémentaires* : Rue Legrand et à l'établissement thermal.

Il y a trois arrivées par jour, du 1er juillet au 30 septembre : 11 h. du matin, 5 h. 1/2 et 7 h. du soir.

Distributions : 7 heures du matin, midi, 6 h. 1/2 du soir. Il y a également trois départs par jour : le premier à 7 h. du matin ; le second à 9 h. du matin ; le troisième à 4 h. du soir.

Télégraphe. Allées d'Etigny, derrière l'établissement thermal.

Ouvert pendant l'été de 7 heures du matin à 7 heures du soir ; pendant l'hiver, de 9 h. à midi, et de 2 h. à 7 h. du soir.

**L'Hôtel-de-ville** est situé sur la place du Champ-de-Mars. La mairie est ouverte de 8 heures du matin à midi et de 2 h. à 7 heures du soir.

Maire : M. Larrieu.

Premier adjoint : M. Fadeuilhe.

Second adjoint : M. Capdeville.

Juge de paix : M. Combes.

Notaire : M. Ferras.

Commissaire de police : à l'Hôtel-de-Ville.

**Cultes.** Les offices du culte catholique sont célébrés tous les jours dans l'église de la paroisse.

Curé doyen : M. Fourtic.

Les services protestants, anglican et français, ont lieu tous les dimanches dans la chapelle de la villa Corneille, allée de Piqué.

Une salle de la mairie a été mise à la disposition du culte israélite.

**Institution.** M. Baqué, allée de Barcugnas, 21.

## DOCTEURS-MÉDECINS

M. **Azémar**, allées d'Etigny, 57, auteur du *Psoriasis syphilitique.*

M. **Barrié** (André), inspecteur adjoint des eaux de Luchon, rue de la Cité.

M. **Chapelon** (Isidore), allées d'Etigny, 49.

M. **Dulac**, inspecteur adjoint des eaux de Luchon.

M. **Estradère**, auteur d'un ouvrage estimé : *Du Massage*, 1 vol. in-8°; rue d'Espagne, 3, le matin; hôtel Richelieu, de 1 h. à 6 h. du soir.

M. **Ferras**, auteur de l'ouvrage : *Affections spécifiques du larynx* (*), rue de la Cité, 2.

M. **Fontan** (Léopold), ❋, ancien interne des hôpitaux de Paris, membre de la Société anatomique, de la Société médicale d'observation, auteur de l'ouvrage : *Eaux sulfureuses naturelles, de leurs effets physiologiques et de leurs principales applications thérapeutiques*, allées d'Etigny, 54.

M. **Garrigou**, auteur de : *Recherches sur les eaux de Luchon, au point de vue géologique, chimique et médical* (*) ; allées d'Etigny, 63.

M. **Lambron** (Ernest), O ❋, inspecteur des eaux de Luchon, auteur du remarquable ouvrage : *Les Pyrénées et les eaux thermales sulfurées de Bagnères-de-Luchon*, 2 vol. avec cartes et plans, dressés par l'ingénieur civil M. T. Lézat ; rue des Quinconces.

M. **Gouraud**, **rue des Quinconces**, villa Maurice, membre de la Société anatomo-pathologique de la Loire-Inférieure et de la Société d'histoire naturelle de Toulouse.

M. **Marcet**, allées d'Etigny, 61.

M. **Pégot** (Marc), ❋, professeur à l'Ecole de médecine de Toulouse, médecin titulaire de l'hôpital thermal, auteur de : *Essai clinique*

(*) Tous ces ouvrages se trouvent à la librairie Lafont, à Luchon, allées d'Etigny, 40.

*sur l'action des eaux de Luchon dans le traitement des accidents consécutifs de la syphilis;* ouvrage couronné par l'Académie de médecine de Paris. 1856; 1 vol. in-8°, et du *Guide médico-thermal*; allées d'Etigny, 52.

M. **Regimbeau**, ✱, allées d'Etigny, 69.
M. **Valdès** (Carlos), allées d'Etigny, 42.
M. **Verdalle**, allée des Bains.

## OFFICIERS DE SANTÉ

M. **Margoton**, allée des Bains.
M. **Mondon**, allées d'Etigny, 10.

## PHARMACIENS

MM. **Boileau**, cours d'Etigny, 27.
**David**, cours d'Etigny, châlet Spont.
**Estradère**, allées d'Etigny, 16.
**Sapène**, allées d'Etigny, 20.
**Verdalle**, allées d'Etigny, 58.

## ADRESSES COMMERCIALES

Libraires. M. **Dulon**, allées d'Etigny, 58.

M. **Lafont**, allées d'Etigny, 40. Editeur d'une collection importante des *Vues des Pyrénées*, exécutées par Eug. Ciceri. Cette collection, la plus belle qui ait été faite, se recommande surtout par sa grande exactitude. — On trouve dans la même librairie toutes les nouveautés littéraires françaises et étrangères. Chaque jour arrivée des journaux de Paris, de la province et de l'étranger.

M. **Sarthe**, allées d'Etigny, 69.

Cabinets de lecture. M. **Lafont**, libraire, allées d'Etigny, 40.

M. **Sarthe**, allées d'Etigny, 67.

Objets d'art. M. **Cerf**, allées d'Etigny, 52.

Mme Ve **Adam**, allées d'Etigny, 25.

M. **Lamozelle**, allées d'Etigny, 58.

Lingerie, Modes, Nouveautés. *A l'Etoile d'or*. Mlles **Barreau**, rue Neuve, 8 et 10. — Grand magasin de modes et nouveautés. — Assortiment de chapeaux de paille, fleurs, subans.

Mme **Rozes**, allées d'Etigny.

Chaussures et Bonneterie. M. **Fondeville**, allées d'Etigny, 49. Chaussures de luxe et ordinaires, brodequins pour la montagne, bas, chaussettes, etc., etc.

Coiffeurs. M. **Estradère** père, rue Legrand, 6.

M. **Estradère** fils, allées d'Etigny, 9.

M. **Carrère**, hôtel du Parc.

M. **Soutiran**, rue de Piqué.

Chocolat. M. **Seube** aîné, allées d'Etigny, 3. Usine à Toulouse, avenue du pont des Demoiselles. Médailles : Toulouse, 1855 ; Paris, 1867 ; Carcassonne, 1867.

Tailleurs. M. **Gasquet**, marchand tailleur, cours

d'Etigny, 51, en face l'hôtel d'Angleterre. — Nouveautés de Paris, de Londres; spécialités pyrénéennes. — Chapellerie en tout genre. M. **Coret**, rue de Piqué.

Pianos. M. **Daunic**, rue de la Cité.

Vins fins et liqueurs. M. **Vène**, rue Legrand. M. **Fadeuilhe**, allées d'Etigny, 61.

Horlogers. M. **Barrère**, rue Legrand, 2. M. **Estradère**, rue d'Espagne, 2.

Photographe. M. **Soulé**, allée de la Pique.

## TARIFS ET RENSEIGNEMENTS

Nous donnons ci-après les divers tarifs des bains, des courses à cheval et en voiture, des chaises à porteur, des chaises dans le Quinconce, etc., etc.

Bains. Pour les renseignements à ce sujet nous ne pouvons mieux faire que de transcrire textuellement les articles du cahier des charges qui peuvent offrir de l'intérêt au baigneur.

Le Tarif des bains et douches, selon les diverses époques de l'année, est fixé comme il suit :

| RONDES DE BAINS | Du 1er Mai au 31 Mai. | | | | Du 1er Juin au 24 Juin | | | | Du 25 Juin au 5 Septembre. | | | | Du 5 Septembre au 30 Septembre. | | | | Du 1er Octobre au 30 Avril. | | | |
|---|---|---|---|---|---|---|---|---|---|---|---|---|---|---|---|---|---|---|---|---|
| | BAINS | Petite douche. | Grande douche. | Douche écossaise et en cercle. | BAINS | Petite douche. | Grande douche. | Douche écossaise et en cercle. | BAINS | Petite douche. | Grande douche. | Douche écossaise et en cercle. | BAINS | Petite douche. | Grande douche. | Douche écossaise et en cercle. | BAINS | Petite douche. | Grande douche. | Douche écossaise et en cercle. |
| MATIN | | | | | | | | | | | | | | | | | | | | |
| 5 h. 15....... | 1 »» | » 75 | 1 »» | 1 »» | 1 20 | » 90 | 1 20 | 1 25 | 2 »» | 1 »» | 1 75 | 1 75 | 1 20 | » 90 | 1 20 | 1 25 | » 60 | » 40 | » 60 | » 60 |
| 6 h. 30. — 7 h. 45. — 9. h.. | 1 »» | » 75 | 1 »» | 1 »» | 1 50 | 1 »» | 1 50 | 1 50 | 2 50 | 1 50 | 2 25 | 2 25 | 1 50 | 1 »» | 1 50 | 1 50 | » 60 | » 40 | » 60 | » 60 |
| 10 h. 15..... | 1 »» | » 75 | 1 »» | 1 »» | 1 20 | » 90 | 1 20 | 1 25 | 1 75 | 1 25 | 1 50 | 1 75 | 1 20 | » 90 | 1 20 | 1 25 | » 60 | » 40 | » 60 | » 60 |
| SOIR | | | | | | | | | | | | | | | | | | | | |
| 2 h. — 3 h. 15. 4 h. 30..... | 1 60 | » 75 | 1 »» | 1 »» | 1 »» | » 80 | 1 »» | 1 25 | 1 50 | 1 »» | 1 25 | 1 50 | 1 »» | » 80 | 1 »» | 1 25 | » 60 | » 40 | » 60 | » 60 |
| 5 h. 45........ | » 60 | » 50 | » 60 | » 60 | » 60 | » 60 | » 60 | » 90 | » 60 | » 60 | » 60 | » 90 | » 60 | » 60 | » 60 | » 90 | » 60 | » 40 | » 60 | » 60 |

Le fermier fera compte à l'employé : 1° Pour chaque petite douche, 0 fr. 05; 2° Pour toutes les autres, 0 fr. 10.

La petite douche comprend, non-seulement la douche ascendante ou descendante prise dans les baignoires, mais encore la petite douche locale fixe ou mobile et la douche ascendante prise dans les cabinets spéciaux.

La douche exclusivement froide sera assimilée à la douche écossaise.

### Bains et douches à prix invariables pendant toute l'année.

| | | | |
|---|---|---|---|
| Petite piscine<br>Piscine de natation | Avec caleçon et deux serviettes. . . . | Toute la matinée.. . | 1 f 20 |
| | | Toute l'après-midi. . | 1 » |
| | | Dernière heure du s. | 0 60 |
| Bains de petite piscine ou de piscine de natation :<br>Toute la piscine exclusivement réservée : | | Petite piscine.. . . . | 5 » |
| | | Piscine de natation.. | 10 » |

Pendant une heure et demie, par ordre exceptionnel de l'Administration municipale, conformément à l'article 52 du règlement.

| | | |
|---|---|---|
| Bains de vapeur à l'étuve souterraine avec caleçons et serviettes : | Le matin.. . . . . . | 0 80 |
| | L'après-midi.. . . . | 0 60 |
| | Dernière ronde du s. | 0 50 |
| Bain et douche locale ou descendante dans la salle spéciale n° 14 : | Toute la matinée, les prix de la ronde de 5 h. 15 m. | |
| | Toute l'après-midi, les prix suivant les rondes. | |
| Bains de vapeur dans les galeries souterraines, à toutes les heures, avec caleçon et deux serviettes.. . . . . . . . | | 0 60 |
| Bains de pieds : | Pendant l'heure du bain avec de l'eau renouvelée et une serviette.. . . . . . | 0 30 |
| | En dehors de l'heure du bain, avec deux serviettes. . . . . . . . . . . . . . . . | 0 50 |
| Douche d'eau pulvérisée, avec peignoir capuchonné et deux serviettes. . . . . . . . . . . . . . . . . . . . . . . . . | | 1 » |
| Humage et douche de vapeur sulfureuse naturelle, avec deux serviettes. . . . . . . . . . . . . . . . . . . . . . . | | 0 50 |

**Bains et douches pris dans le pavillon annexe.**

Le pavillon annexe sera mis à la disposition des baigneurs; les prix à payer seront :

Pour le bain. . . . . . . . . . . . . . . . . . . . . . . 5 »
Pour la douche locale.. . . . . . . . . . . . . . . . 2 »
Pour la grande douche. . . . . . . . . . . . . . . . . 3 »

La quantité de linge à fournir pour ce service sera double de celle attribuée pour les bains et douches du prix le plus élevé.

**Boissons.**

Toute personne pourra boire et se gargariser aux buvettes :

*Du 5 septembre au 24 juin.*

Pendant toute la matinée. . . . . . 0f05
— l'après-midi.. . . . . 0 05

*Du 25 juin au 5 septembre.*

Pendant toute la matinée. . . . . . 0 10
— l'après-midi.. . . . . 0 10

Il sera délivré, aux personnes qui en feront la demande, une carte d'abonnement valable pour un mois, au prix de 5 fr.

**Exportation des eaux.**

Art. 29 *bis*. L'exportation des eaux est exclusivement réservée au fermier, qui la fera aux prix suivants :

Le litre d'eau, verre, bouchon, étiquette et goudronnage compris.. . . . . . . . . . . . . . . . . . 0f60
Le demi-litre. . . . . . . . . . . . . . . . . . . . . . . 0 50
Le quart de litre. . . . . . . . . . . . . . . . . . . . . 0 40
Lorsque l'expédition sera au-dessous de 20 litres la caisse et l'emballage se paieront à part. . . 1 50
Lorsque l'expédition sera d'au moins 20 litres, la caisse et l'emballage seront comptés. . . . . . . 1 »
Lorsque l'expédition sera d'au moins 30 litres, la caisse et l'emballage ne seront pas comptés.

Art. 32. Dans le cas où une expédition dûment demandée au Fermier n'aurait pas été faite par lui, l'Administration des

Thermes se réserve le droit, sans préjudice des dommages-intérêts qu'elle pourrait réclamer au Fermier, de servir cette expédition au profit de la commune.

ART. 33. Tout malade, présent à Bagnères-de-Luchon, qui désirera remplir d'eau minérale des bouteilles lui appartenant, quand leur capacité sera d'un litre et au-dessous d'un litre, paiera pour cette eau, la mise en bouteille, le bouchon, le goudronnage et l'étiquette 40 cent.

ART. 35. Le fermier devra avoir des dépôts dans les villes suivantes : Paris, Lyon, Marseille, Nancy, Nantes, Toulouse, Bordeaux, Lille, Rouen, Montpellier, Nîmes.

ART. 36. Linges attribués à chaque espèce de bain et de douche :

| | | Draps. | Peignoirs | Serviettes. |
|---|---|---|---|---|
| Au bain de. | 0,60 | 1 | » | 1 |
| | 1,00 | 1 | » | 2 |
| | 1,20 | 1 | » | 2 |
| | 1,50 | » | 1 | 2 |
| | 1,75 | » | 1 | 2 |
| | 2,00 | » | 1 | 2 |
| | 2,50 | » | 1 | 2 |
| A la douche de. | 0,40 | 1 | » | 2 |
| | 0,50 | 1 | » | 2 |
| | 0,60 | 1 | » | 2 |
| | 0,75 | » | 1 | 2 |
| | 0,80 | » | 1 | 2 |
| | 0,90 | » | 1 | 2 |
| | 1,00 | » | 1 | 2 |
| | 1,25 | » | 2 | 2 |
| | 1,50 | » | 2 | 2 |
| | 1,75 | » | 2 | 2 |
| | 2,00 | » | 2 | 2 |
| | 2,25 | » | 2 | 2 |
| A la douche ascendante. | 2,25 | 2 | » | 2 |

Les douches prises dans les baignoires, précédées ou suivies de bain, n'auront droit qu'au linge du bain, augmenté d'une serviette.

Des peignoirs en laine seront fournis, sans rétribution, à tous les baigneurs payant ou jouissant de la gratuité pour passer du bain aux grandes douches. On leur fournira gratuitement des serviettes pour recouvrir le dossier de la baignoire et le marchepied.

Les fournitures en sus seront payées d'après le tarif qui suit :

| | |
|---|---|
| Une serviette. . . . . . . . . . . . . . . | 0 05 |
| Un drap. . . . . . . . . . . . . . . . . | 0 10 |
| Un peignoir. . . . . . . . . . . . . . . | 0 15 |
| Un fond de bain et un peignoir. . . . . | 0 20 |

Le linge nécessaire aux personnes qui se font masser sera payé suivant le tarif ci-dessus.

### Linges fournis par les baigneurs.

Art. 37. Les baigneurs peuvent se servir de leur propre linge, de préférence à ceux fournis par le fermier, sans que cette préférence entraîne aucune diminution dans le prix des bains.

### Observations au sujet des prix des bains et douches.

Art. 40. Il ne sera dû que le prix d'un bain lorsqu'un père ou une mère, leur domestique ou tout autre personne ayant leur confiance, recevra un enfant de moins de 8 ans qui répugnerait à se baigner seul ; mais l'un des deux paiera son linge.

Art. 41. Les bains des rondes, de dix heures et quinze minutes du matin et de deux heures du soir pourront être d'une heure et demie ou deux heures en payant le prix de deux bains sous les conditions prescrites par le règlement.

La durée du bain en sus de celle ordinaire sera prise par anticipation pour la ronde de deux heures, en prolongeant le bain pour celle de dix heures et un quart.

Art. 42. Les appareils de douches jumelles, écossaises, servent exclusivement à donner cette espèce de douches. Cependant, par exception et lorsque la quantité des eaux le permettra, ce dont le médecin sera juge, une même personne pourra prendre une double douche chaude avec ses appareils ; mais alors elle devra payer le prix des deux grandes douches, conformément au tarif.

Art. 43. Lorsqu'il y aura lieu de supprimer la première ronde du matin et la dernière du soir, les personnes titulaires de cabinets à ces rondes auront le droit de continuer de prendre leurs bains et douches aux mêmes prix ; mais seulement aux rondes qui seront devenues la première du matin et la dernière du soir.

**Usage des eaux par les personnes réellement domiciliées dans la commune de Bagnères-de-Luchon.**

Art. 44. Les personnes ayant leur domicile réel dans la commune de Bagnères-de-Luchon jouiront du droit de faire usage des eaux en bains, douches, boissons, etc., sans que le fermier puisse exiger la moindre rétribution. Ce dernier sera tenu, en outre, de leur fournir, pour cet usage, le linge nécessaire aux mêmes conditions.

**Gratuité des eaux.**

Art. 45. La commune de Bagnères-de-Luchon offre la gratuité complète de ses eaux prises en bain, douche, boisson, etc.

1° A tous les indigents de France ;

2° Aux malades de son hôpital thermal ;

3° Aux militaires en activité de service jusqu'au grade de capitaine dans l'armée de terre et aux lieutenants de vaisseau inclusivement.

4° Aux personnes désignées au numéro 4 ci-après.

Le droit de ces différents baigneurs sera constaté par une carte nominative délivrée par l'administration des Thermes, au nom de la commune et portant :

| | |
|---|---|
| Dans le premier cas | Service gratuit. |
| Dans le second cas | Service de l'hôpital thermal. |
| Dans le troisième cas | Service militaire. |
| Dans le quatrième cas | Service de faveur. |

1° *Ont droit à la carte du service gratuit :*

Les personnes qui sont munies d'un passeport ou certificat d'indigence indiquant leur signalement et leur âge ; de l'extrait du rôle des contributions, constatant qu'elles ne paient pas plus de cinq francs des contributions directes ; d'une ordonnance de médecin leur prescrivant ces eaux. Ces trois pièces doivent être légalisées par M. le sous-préfet de leur arrondissement.

Ces personnes pourront prendre des bains durant toute l'année, excepté du 25 juin au 15 septembre.

Le linge dont elles désireront faire usage sera payé au prix du ırif, mais le fermier fera chauffer gratuitement le linge qu'elles oudront fournir elles-mêmes.

2° *Ont droit à la carte de service de l'hôpital thermal:*

Les malades admis à l'hôpital thermal et qui sont logés à cet tablissement se baigneront à la ronde de quatre heures et demie u soir.

Le linge dont ils feront usage sera fourni par l'hôpital ; le fermier era tenu de le leur faire chauffer gratuitement.

3° *Ont droit à la carte du service militaire* :

Les militaires en activité de service jusqu'au grade de capitaine ans l'armée de terre et de lieutenant de vaisseau inclusivement, orteurs d'un ordre du ministre de la guerre ou d'un commandant e corps ou des hôpitaux militaires.

Ils ne pourront se baigner dans les rondes de 5 heures 15 minu-es à 9 heures inclusivement et paieront le linge au prix indiqué u tarif.

4° *Ont droit à la carte du service de faveur :*

§ 1. — Le préfet de la Haute-Garonne, monseigneur l'archevê-ue de Toulouse, le sous-préfet de Saint-Gaudens, l'ingénieur en hef du département, l'ingénieur ordinaire de l'arrondissement et eurs familles.

§ 2. — Les médecins et officiers de santé français ou étran-ers, ainsi que les personnes auxquelles l'administration munici-ale croira devoir accorder cette faveur.

Ces personnes pourront faire usage des eaux durant toute l'année t pourront en transporter à domicile un litre par jour pour eur usage personnel; elles pourront aussi faire transporter à lomicile telle quantité qui sera indiquée sur une ordonnance de nédecin, mais en aucun cas pour en faire commerce. Il sera déli-ré par le fermier à chacune d'elles une carte spéciale valable pour oute la durée du séjour, laquelle les dispensera de toutes autres ormalités.

§ 3. — Les personnes originaires de la commune qui y paient es contributions directes ou qui y ont leur famille, auront droit l'obtention de la même carte ; seulement, du 25 juin au 15 septembre inclusivement, elles ne pourront se baigner qu'aux rondes de l'après-midi.

Le fermier sera tenu de leur fournir, sans rétribution, le linge exigé par les règlements; toutefois, elles auront à payer celui qu'elles prendront en supplément.

§ 4. — Les employés auxiliaires du télégraphe et des postes en service aux bureaux de Luchon. Ils ne pourront faire usage des eaux qu'aux rondes de l'après-midi.

§ 5. — Les habitants du canton après production préalable de certificats constatant leur individualité. Toutefois, la carte de faveur ne leur permettra l'usage des eaux que du 20 septembre au 31 mai inclusivement.

Ils devront payer le linge au fermier au prix du tarif, mais s'ils le fournissent eux-mêmes, le fermier sera tenu de le leur faire chauffer gratuitement.

Art. 49. Le paiement des cartes sera fait en monnaies françaises ayant cours légal.

Art. 50. Le fermier sera tenu de rembourser le montant des billets au baigneur qui, pour cause de maladie ou de départ, serait dans la nécessité de cesser sa cure thermale. Il devra également remettre le montant à toute personne munie d'un écrit de ce dernier.

## Tarif des chaises à porteur.

Pour aller et retour au bain ou dans d'autres parties de la ville :

| | |
|---|---|
| Le jour. . . . . . . . . . . . . . . . . . . . . . | » 75 |
| Le soir pour bals et soirées. . . . . . . . . . . | 2 » |
| S'il faut attendre à volonté. . . . . . . . . . . . | 3 » |

Le costume des porteurs se compose : d'un pantalon bleu en printanière ou drap, d'un gilet à manches de la même couleur et de la même étoffe, d'un berret béarnais également bleu, et d'une ceinture rouge.

## Tarif des chevaux et des courses de guides.

| | |
|---|---|
| Vallée du Lys jusqu'à la cascade d'Enfer. . . . . | 5 fr. |
| Vallée du Lys jusqu'au gouffre d'Enfer, retour par Lartigue et la cascade du Cœur. . . . . . . . . . | 6 |
| Vallée du Lys jusqu'au lac Vert. . . . . . . . . . . | 8 |

Port de la Glère jusqu'à l'entrée. . . . . . . . . . 6 fr.
Port de la Glère jusqu'au lac de Gourgoutes. . . . 8
Hospice du port de Venasque par la cascade des Demoiselles et du Parisien. . . . . . . . . . . . 5
Port de Venasque. . . . . . . . . . . . . . . . 8
Pic de Sauvegarde. . . . . . . . . . . . . . . 9
L'Entécade. . . . . . . . . . . . . . . . . . 6
Plan de la Serre. . . . . . . . . . . . . . . 6
Vieille (aller et retour même jour). . . . . . . . 10
Bosost. . . . . . . . . . . . . . . . . . . . 6
Bosost, par Saint-Béat. . . . . . . . . . . . . 10
Bocanère. . . . . . . . . . . . . . . . . . . 8
Saint-Béat. . . . . . . . . . . . . . . . . . 6
Siradan. . . . . . . . . . . . . . . . . . . 6
Siradan à la Grotte de Troubat. . . . . . . . . . 6
Saint-Bertrand de Comminges. . . . . . . . . . . 7
Saint-Bertrand, *Grotte Gargas*. . . . . . . . . . 8
Grotte du Chat. . . . . . . . . . . . . . . . 6
Montné avec le jour. . . . . . . . . . . . . . 7
Montné pendant la nuit . . . . . . . . . . . . 10
Port de Poujastou. . . . . . . . . . . . . . . 6
Vallée d'Oueil. . . . . . . . . . . . . . . . 6
Antenac. . . . . . . . . . . . . . . . . . . 6
Port de Peyresourde. . . . . . . . . . . . . . 6
Arreau (aller et retour même jour). . . . . . . 8
Pic de Monségu. . . . . . . . . . . . . . . . 6
Pic de Monségu, retour par Esquierry. . . . . . . 7
Esquierry, par la vallée d'Astos. . . . . . . . . 6
Lac d'Oo ou de Séculejo. . . . . . . . . . . . 6
Lac d'Espingo. . . . . . . . . . . . . . . . . 7
Pic de Céciré . . . . . . . . . . . . . . . . 8
Superbagnères. . . . . . . . . . . . . . . . . 6
Promenades de l'après-midi. . . . . . . . . . . 5

**Tarif des courses en voiture.**

| | A 2 chevaux. | A 4 chevaux. |
|---|---|---|
| Vallée du Lys. . . . . . . . . . . | 20 fr. | 25 fr. |
| Vallée de l'Hospice. . . . . . . . . | 25. | 30 |
| Saint-Béat . . . . . . . . . . . | 20 | 25 |

| | A 2 chevaux. | A 4 chevaux. |
|---|---|---|
| Pont du Roi. . . . . . . . . . . . | 25 fr. | 30 fr. |
| Vallée d'Astos. . . . . . . . . . . . | 25 | 30 |
| Bains de Sainte-Marie ou de Siradan | 20 | 25 |
| Saint-Bertrand . . . . . . . . . . . | 30 | 35 |
| Saint-Bertrand et la Grotte de Gargas. . . . . . . . . . . . . . . | 35 | 40 |
| Port de Peyresourde en vue de la vallée de Louron. . . . . . . . . . . | 30 | 35 |
| Bosost. . . . . . . . . . . . . . . | 35 | 40 |
| Vallée d'Oueil. . . . . . . . . . . | 20 | 25 |
| Pour faire le tour de la vallée de Luchon en passant par les villages de Saint-Mamet, Juzet, Salles . . . . | 6 | 8 |

**Tarif des chaises au Quinconce.**

| | | |
|---|---|---|
| Abonnement à un mois.. . . . . . . . . . . . | 8f | » |
| — à quinze jours . . — . . . . . . . . | 4 | » |
| — à huit jours. . . . . . . . . . . . . | 2 | » |
| Pour une séance musicale. . . . . . . . . . | » | 20 |
| Dans la journée. . . . . . . . . . . . . . . | » | 10 |

## LES EAUX DE LUCHON

### Conseils avant le Départ.

Pour tirer parti de ce puissant moyen que nous offre la nature, il s'agit d'abord de savoir approprier les eaux minérales de telle ou telle classe à telle ou telle maladie, ce qui exige nécessairement un grand tact médical joint à la connaissance de la composition chimique de ces eaux. — Secondement, toute personne, avant de partir pour Luchon, devra consulter un médecin éclairé qui, d'après les indications du tempérament, des habitudes et du genre d'affection du consultant, ordonnera les eaux qui conviennent avec le régime à suivre. Alors seulement les eaux produiront toute leur efficacité.

## A quel genre de maladies sont applicables les Eaux de Luchon.

On conseille les eaux de Luchon dans toutes les affections indiquées ci-après :

Maladies de la peau ; — Affections rhumatismales, scrofuleuses, lymphatiques, catarrhales, chroniques, diathésiques, dartreuses; — Engorgements des viscères et des ganglions lymphatiques; — Croûtes laiteuses ; — Suppressions menstruelles; — Ulcères ; — Cicatrices vicieuses ; — Ankyloses ; — Exostoses ; — Phlegmasies chroniques et diathésiques; — Altération des nerfs et des centres nerveux ; — Raideurs dans les membres ; — Asthme ; — Phthisie pulmonaire native ; — Affections syphilitiques, chirurgicales.

Si vous êtes atteint ou menacé d'une des maladies que nous venons de signaler, n'attendez pas, pour en obtenir la guérison, l'époque appelée *Saison des Eaux*, ainsi nommée parce que c'est l'époque que choisissent pour s'y rendre les gens riches qui se portent bien. L'hiver n'est pas si rigoureux à Luchon qu'on se plaît à le croire, et le serait-il, vous ne devez vous laisser influencer que par le choix des vêtements à emporter.

## ÉTABLISSEMENT THERMAL

A l'extrémité de l'allée d'Étigny, s'élève le magnifique Etablissement thermal, un des plus beaux, un des plus riches de ceux qui existent en Europe.

Le portique, d'une majesté imposante, est en marbre blanc, la nef est décorée de dix-sept fresques, dont la beauté aurait droit de présence au Vatican, sans que les grands peintres dont s'enorgueillit l'Ecole italienne eussent à rougir de leur voisinage.

L'artiste a dépeint les traits purs et réguliers d'une fille des Bains dans les allégories de la *Reine* et de la *Blanche*, qui sont les médaillons 4 et 6 de gauche, à partir de la grande porte. Les mêmes traits se représentent dans la *Chimie*, deuxième personnage du quatuor renfermé dans l'allégorie du frontispice placé au-dessus du grand escalier.

La nièce du peintre se reconnaît sous les traits de la déesse d'*Esquierry*, marchant sur un tapis de verdure, et plaçant des fleurs dans ses blonds cheveux. M^me^ CAZE nous apparaît comme la protectrice de Luchon, portant dans ses bras le plan du nouvel établissement.

La délicieuse vallée du Lys s'y trouve représentée sous les traits d'une blonde jeune fille marchant sur un tapis de fleurs; le port de Vénasque est représenté par une femme aux traits sévères et tenant de la main des clefs; la vallée d'Oueil, jouant du pipeau rustique en gardant ses brebis;

le Montné, tableau tout d'ombre, tête de femme très-bien éclairée ; puis, la nymphe du lac d'Oo laissant échapper de son urne les eaux du lac ; enfin la Maladetta imprimant son pied sur la cime du Néthou et considérant, drapée dans sa mante, le désert de glace qui s'étend autour d'elle.

En entrant dans le vestibule, on voit deux bureaux placés face à face. Dans celui de droite, on prend l'*heure* du bain, et l'on conserve cette heure pendant toute la durée du traitement.

Dans celui de gauche, on prend des cartes de bains, de douches, de piscine ou d'étuve.

Après les bureaux, se trouvent deux galeries parallèles communiquant avec toutes les parties des thermes.

Au fond du vestibule est un grand escalier conduisant aux salles supérieures, ainsi qu'aux buvettes et aux galeries souterraines placées derrière l'établissement.

Le matériel de ces vastes thermes peut se classer ainsi : 12 salles de bains séparées et formant ensemble un total de 120 baignoires en marbre. Toutes ces baignoires sont pourvues de douches locales et d'injections : 23 ont des douches ordinaires que l'on peut varier à volonté à l'aide de divers ajustages.

Au centre de l'établissement sont groupées les salles nos 3, 4, 5 et 6, desservies par les sources de la *Reine*, de la *Grotte*, de la *Blanche*. — Chacune de ces salles a un caractère particulier et une destination spéciale.

Les salles nos 7 et 8 sont alimentées par les sour-

1...

ces *Richard*, la *Reine* et la *Blanche*. — Dans la salle n° 9, il y a un cabinet pour la grande douche.

Les salles n°s 9 et 11 sont alimentées par la source *Richard*.

La salle n° 10 est une grande piscine gymnastique et natatoire.

5 grandes douches : douche jumelle, douche écossaise et douche de pression.

3 douches ascendantes fixes.

1 douche locale.

2 piscines de 12 places chacune, une pour les hommes, l'autre pour les femmes.

Des étuves dans lesquelles on prend les bains et douches de vapeur sèche ou humide.

1 salle d'inhalation.

2 bains russes avec lit de repos et de massage.

1 bassin de natation.

18 buvettes alimentées par diverses sources.

Nous ne mentionnons pas les bureaux, les chauffoirs, les salles de consultation et tous les accessoires nécessaires pour le service de l'Etablissement.

Toutes ces sources sont si abondantes, qu'on peut donner aisément quinze cents bains par jour.

Les salles n°s 1 et 5 reçoivent les sources du *Pré*, de *Bordeu*, du *Bosquet*, de *Ferras* et d'*Etigny*.

### Des diverses Sources.

Les eaux de Luchon, utilisées dans cet établissement thermal, sont toutes plus ou moins chaudes, et en général fort abondantes. Elles sont limpides à la source; mais une fois arrivées dans leurs bassins respectifs, quelques-unes d'entre lles se houlent en subissant le phénomène du lanchiment. Ce phénomène est dû à un dépôt de oufre à l'état pulvérulent, par suite de la transormation du principe sulfureux. Quand ce phéomène s'est produit, l'eau devient aussi blanche ue si l'on y avait ajouté du lait.

L'odeur sulfureuse est très-franche dans chaune des sources : celles du Pré de Bayen, de ordeu, de Sengez, la présentent cependant d'une nanière encore plus manifeste que les autres.

Feu le docteur Fontan et M. le professeur Filhol taient les seuls qui, jusqu'ici, se soient occupés e l'étude chimique des eaux de Luchon. M. le octeur Garrigou, autrefois l'élève de prédilection e M. Filhol, et médecin consultant dans cette tation thermale, après l'avoir été pendant neuf ns dans celle d'Ax (Ariége), vient d'entreprendre, ur les eaux de Luchon, une étude plus complète ue celles faites jusqu'à ce jour.

Il paraît résulter des recherches de M. Garrigou ue depuis les travaux chimiques exécutés sur les ources par M. Filhol, ces sources auraient subi uelques changements dans leur température et ans leur sulfuration ; M. Garrigou est également rrivé à ce résultat, tout-à-fait contraire à celui btenu par M. Filhol, que le sulfhydrate de sulure de sodium est le composé sulfureux qui donne ux sources de Luchon leurs propriétés médicales. ontan avait déjà émis cette opinion que M. Filhol combattue.

Nous plaçons ci-dessous le tableau des études ulfhydrométriques de M. Filhol et de M. Garigou :

| NOM DES SOURCES | M. FILHOL. | | M. GARRIGOU. | | LIEU D'OBSERVATION de M. GARRIGOU. |
|---|---|---|---|---|---|
| | TEMPÉR. | SULFURAT. | TEMPÉR. | SULFURAT. | |
| | deg. c. | gr. cent. | deg. c. | gr. cent. | |
| Bayen | 68,00 | 0,0773 | 61,2 | 0,0626 | (Griffon.) |
| Reine | 57,80 | 0,0539 | 53,4 | 0,0382 | id. |
| Azemar (anc. chauf.) | 53,20 | 0,0523 | | | |
| Richard supérieure... | 31,00 | 0,0518 | | 0,0391 | id. |
| Grotte supérieure.... | 58,44 | 0,0405 | 58,5 | 0,0428 | id. |
| Enceinte | 49,50 | 0,0638 | 49,2 | 0,0286 | id. |
| Blanche | 47,20 | 0,0349 | 49,2 | 0,0077 | (Buvette). |
| Richard tempér. n° 1. | 38,00 | 0,0330 | | | |
| id n° 2. | 32,00 | 0,0155 | | | |
| Ferras supér n° 1. | 39,80 | 0,0030 | 37,5 | 0,0077 | (Griffon.) |
| id n° 2. | 34,20 | 0,0125 | 35,5 | 0,0018 | id. |
| Etigny........ n° 1. | 48,30 | 0,0423 | | | |
| id............... | 30,00 | 0,0098 | | | |
| Richard infér n° 1. | 35,30 | 0,0330 | | | |
| id...... n°s 2 à 5. | 49,80 | 0,0534 | | | |
| Grotte inférieure..... | 52,20 | 0,0638 | | 0,0483 | (Baignoire.) |
| Source des Romains.. | 51,20 | 0,0584 | 50,0 | 0,0571 | (Buvette.) |
| Ferras inférieure n° 1. | 37,10 | 0,0620 | | 0,0486 | (Griffon.) |
| id............ n° 2. | 34,20 | 0,0522 | 36,0 | 0,0385 | id. |
| Lachapelle | 38,70 | 0,0389 | 35,0 | 0,0548 | id. |
| Bosquet | 39,10 | 0,0381 | 41,8 | 0,0446 | id. |
| Sengez | 31,00 | 0,0276 | 41,1 | 0,0606 | id. |
| Bordeu n° 1 | 33,50 | 0,0320 | | 0,0520 | id. |
| id....... n°s 2 à 5. | 47,80 | 0,0645 | | | |
| Pré............ n° 1. | 60,00 | 0,0721 | 60,0 | 0,0620 | id. |
| id............. n° 2. | 54,10 | 0,0708 | | | |
| Ferrugin. de Richard. | 26,10 | 0,0 » | | | |
| id. du Pré.... | 16,20 | 0,0 » | | | |

**TABLEAU de la composition des bains d'après M. GARRIGOU**

| NOM DES BAINS. | TEMPÉRAT. en deg. cent. | SULFURATION par Litre. | SULFURAT. par bain de 300 lit |
|---|---|---|---|
| | | gr. cent. | gr. cent. |
| Bordeu (à la baignoire). | 42,0 | 0,0151 | 4,530 |
| Bosquet | 36,0 | 0,0209 | 6,270 |
| Bosquet et Eau froide. | 31,5 | 0,0129 | 3,770 |
| Bordeu, Bosquet et Eau froide | 31,0 | 0,0169 | 5,070 |
| Bordeu et Eau froide | 31,0 | 0,0052 | 1,560 |
| Grotte inférieure (baignoire) | 42,0 | 0,0483 | 14,490 |
| Grotte et Froide | 33,0 | 0,0289 | 8,670 |
| Blanche | 30,0 | 0,0024 | 0,720 |
| Reine, Blanche et Froide | 31,0 | 0,0052 | 0,560 |
| Reine, Grotte, Blanche et Froide | 31,5 | 0,0160 | 5,700 |

D'après M. FILHOL

| NOMS DES SOURCES. | Sulfure de sodium. | Sulfure de fer. | Sulfure de manganèse. | Chlorure de sodium. | Sulfate de potasse. | Sulfate de soude. | Sulfate de chaux. | Silicate de soude. | Silicate de chaux. | Silicate de magnésie. | Silicate d'alumine. | Carbonate de soude. | Silice libre. | Alumine. | Magnésie. | Matières organiques. | TOTAL (**) |
|---|---|---|---|---|---|---|---|---|---|---|---|---|---|---|---|---|---|
| REINE........ | gr. 0,0508 | 0.0022 | 0,0028 | 0,0624 | 0,0092 | 0,0312 | 0,0312 | traces | 0,0102 | 0,0048 | 0,0255 | trac. | 0,0209 | » » | » » | N'ont pas été dosées. | gr. 0,2511 |
| BAYEN....... | 0,0777 | traces | traces | 0,0829 | traces | traces | traces | id. | 0,0220 | traces | traces | id. | 0,0446 | » » | » » | | 0,2270 |
| AZÉMAR ..... | 0,0480 | 0,0022 | 0,0024 | 0,0620 | 0,0072 | 0,0465 | 0,0178 | 0,0058 | 0,0432 | 0,0147 | 0.0237 | id. | 0,0076 | » » | » » | | 0,2811 |
| RICHARD sup | 0,0595 | 0,0028 | 0,0018 | 0,0659 | 0,0088 | 0,0101 | 0,0400 | traces | » » | traces | 0,0292 | id. | 0,0328 | » » | » » | | 0,2557 |
| GROTTE sup. | 0,0314 | 0,0027 | 0,0013 | 0,0723 | 0,0059 | 0,0682 | » » | 0,0094 | 0,0376 | 0,0057 | 0,0109 | id. | 0,0103 | » » | » » | | 0,2559 |
| BLANCHE.... | 0,0338 | 0,0011 | traces | 0,0500 | 0,0038 | 0,0610 | traces | traces | 0,0769 | 0,0067 | 0,0101 | id. | 0,0105 | » » | » » | | 0,2529 |
| FERRAS sup. | 0,0053 | 0,0009 | id. | 0,0160 | 0,0109 | 0,0580 | 0,0212 | id. | 0,0506 | traces | traces | id. | 0,0337 | » » | » » | | 0,2002 |
| BORDEU N°1. | 0,0690 | 0,0003 | id. | 0,0858 | traces | traces | traces | 0,0233 | 0,0162 | 0,0025 | 0,0073 | id. | 0,0262 | » » | » » | | 0,2306 |
| GROTTE inf. | 0,0589 | 0,0021 | id. | 0,0736 | 0,0113 | 0,0265 | 0,0200 | traces | traces | traces | 0,0141 | id. | 0,0499 | » » | » » | | 0,2546 |

(*) Plusieurs autres sources, nouvellement découvertes, n'ont pas encore été définitivement analysées.

(**) Il y a, en outre, dans chacune de ces sources, des traces de sulfure de cuivre, d'iodure de sodium, d'hyposulfure de soude, de phosphates et d'acide sulfurique.

Il résulte de la comparaison des résultats obtenus par les deux observateurs que quelques variations ont eu lieu dans les sources. C'est pour faire ressortir ces légères différences, que M. Garrigou a calculé, comme M. Filhol, la sulfuration en monosulfure de sodium et non en sulfhydrate de sulfure, comme elle devrait l'être d'après lui.

Déjà, en 1868, en collaboration avec son ami feu L. Martin, ingénieur des mines, M. le docteur Garrigou avait publié sur la géologie des sources de Luchon un mémoire inséré dans les bulletins de la Société géologique de France. Dans ce travail, les auteurs faisant ressortir l'importance des galeries de recherche des sources thermales exécutées sous la direction de M. François, l'éminent ingénieur, donnaient également l'étude des filons aquifères négligés jusqu'à eux. Ils montraient que dans leur ensemble les sources étaient éloignées suivant une direction N.-O. 27° qu'ils ont rapportée au système du mont Viso de M. Elie de Beaumont, et même ils faisaient ressortir l'influence exercée sur les sources par un autre système de soulèvement, celui des Alpes principales.

On comprend facilement que l'étude des fractures de failles à travers lesquelles les sources thermales s'épandent à la surface du globe est d'un intérêt pratique très-grand au point de vue de la recherche des causes.

## Action thérapeutique des eaux de Luchon.

Les sources *Ferras* et *Bosquet* sont *douces* et à *sulfuration légère.*

La *Blanche,* source *douce, laiteuse,* est utile aux personnes nerveuses.

Les sources du *Bosquet* et de *Bordeu* ont une action *calmante* et *sédative.*

Les sources *Richard supérieure* et *Richard inférieure* sont à *sulfuration forte* et plus particulièrement applicables aux *affections rhumatismales* et aux *maladies de la peau.*

Les sources de la *Grotte supérieure* et de la *Grotte inférieure* sont *légèrement excitantes* et à *sulfuration forte.*

La *Reine,* source très excitante et très énergique.

Les sources *Ferras, Blanche* et *Reine* sont indiquées dans le traitement des maladies de la peau.

Les sources *Bordeu* et *du Bosquet* sont employées dans le traitement du lymphatisme, du scrofulisme et des maladies nerveuses.

Les deux sources *Ferras* sont les plus faciles à digérer et très efficaces dans les gastralgies.

*Buvettes du Pré,* nos 1 et 2, mais principalement le no 1, conviennent aux lymphatiques et aux scrofuleux.

Nous prions nos lecteurs de lire attentivement les remarquables travaux de MM. Fontan, Filhol et Lambron, sur les eaux thermales des Pyrénées, s'ils veulent pousser plus loin leurs investigations scientifiques (*).

### De l'Eau sulfureuse.

EN BOISSON. — Elle est très-active et pousse à l'excitation générale. Tous les organes en ressentent les effets, principalement les organes génitaux.

La réaction se fait sentir vivement à la peau, et la crise s'opère plus par les sueurs que par les urines.

C'est toujours l'estomac qui reçoit les premiers effets du liquide. La constipation vient après deux ou trois jours ; la langue se nettoie, et peu à peu, après un mois de traitement, on se trouve complétement remis à neuf.

EN BAINS. — Elle dissipe les rhumatismes, efface les dartres sans causer une vive irritation ; elle ferme les plaies, résout les engorgements, ramène à l'état aigu toutes les affections latentes et a pour effet de hâter la guérison.

### Hygiène du Baigneur avant, pendant et après le Bain

Le médecin qui aura su gagner votre confiance fixera dans son ordonnance le degré de température du bain que vous devez prendre. Cette chose est importante. Car si vous aviez une maladie du

(*) Ces ouvrages se trouvent chez Lafont, libraire, allées d'Etigny, 40.

poumon, du cœur, ou une prédisposition aux congestions sanguines, le *bain très-chaud* serait dangereux; au contraire, si vous avez la goutte, un rhumatisme, une névrose, le *bain frais* serait nuisible. Le moment le plus favorable pour prendre un bain est le matin, parce que le repos de la nuit a calmé l'organisme, que la chaleur du lit a ouvert les pores de la peau, et que l'absorption de l'eau se trouve favorisée par la diète :

1° On doit se baigner à jeun ou quatre heures, au moins, après le repas;

2° On ne doit pas se plonger dans l'eau quand on est fatigué ou qu'on est en grande transpiration. Cependant un peu d'exercice avant d'entrer dans le bain n'est pas contraire;

3° Il vaut mieux être assis que couché dans le bain. On ne doit pas y dormir, car le sommeil pourrait devenir dangereux;

4° Les femmes doivent observer ces mêmes préceptes; mais au moment de l'écoulement périodique, s'il est abondant, elles ne devront pas se baigner; s'il est lent ou difficile, elles baisseront un peu la température du bain;

5° Les bains chauds doivent être de courte durée. De loin en loin, il est utile de prendre un bain émollient, car il est nécessaire de modérer les effets des principes minéralisateurs;

6° Nous recommandons la tranquillité et le silence dans le bain. Il ne faut pas qu'une préoccupation vive ou une impatience turbulente vienne contrarier son influence. La durée du bain doit être prescrite par le médecin; car, suivant le genre d'affection, elle peut être de 15, 30 ou 45 minutes, quelquefois de plusieurs heures, comme cela se pratique en Suisse et en Allemagne.

Si le ciel est beau et que vous ne soyez pas fatigué, vous pouvez, après le bain, faire une petite promenade.

Si le bain vous a excité ou que vous soyez porté à suer, il est préférable de vous mettre au lit pendant une demi-heure.

### Bain artificiel d'Eau de Luchon.

Aux personnes qui loin de Luchon voudraient prendre des bains sulfureux, nous indiquons la formule suivante extraite de l'ouvrage du docteur Lambron :

| | |
|---|---|
| Eau ordinaire chaude à 35° centigrades. | 250 litres. |
| Monosulfure de sodium cristallisé. . . . | 20 à 40 gram. |
| Carbonate de soude cristallisé. . . . | 40 à 60 — |
| Chlorure de sodium (sel de cuisine). . | 50 à 100 — |
| Gélatine dissoute. . . . . . . . . . | 300 à 500 — |

### Simple avis aux malades buveurs d'Eau.

Souvenez-vous que pour guérir il faut modifier quelques habitudes nuisibles au rétablissement de la santé. On doit se coucher de bonne heure, se lever matin, faire de l'exercice, manger avec tempérance, et éviter tout ce qui peut contrarier le régime hygiénique imposé par la raison ou prescrit par votre médecin.

C'est le matin à jeun que les eaux doivent être bues, à leur source même. La dose à prendre, les cinq premiers jours, est d'un demi-verre; puis, on peut en augmenter la dose jusqu'à deux verres : le premier au point du jour; le second deux heures avant le dîner.

On peut couper l'eau avec un sirop approprié au genre de maladie dont on est affecté; mais il est préférable de la boire pure et d'un seul trait, afin qu'elle ne perde ni de sa chaleur ni de ses propriétés.

Il peut arriver que les effets salutaires qu'on espérait ressentir se fassent attendre; ce ne doit pas être un motif pour ne point persévérer. Il faudra redoubler de patience tant qu'aucun accident fâcheux ne se présentera. Il est des tempéraments difficiles à émouvoir et des maladies opiniâtres.

Ne savez-vous pas qu'il faut souvent *plusieurs saisons* pour obtenir une guérison?

La durée d'un traitement est généralement fixée à un mois. C'est une erreur de croire que les eaux font éprouver un mieux sensible dès qu'on a terminé le traitement. Le corps, sous l'action thérapeutique des eaux, ne reprend l'équilibre de ses fonctions que quelque temps après Mais si un régime sévère ne vient continuer la salutaire influence des eaux, le corps se remplit des mêmes principes malfaisants, avec autant de rapidité que la nature en avait mis pour s'en dégager.

Nos observations nous ont amené à conclure : qu'un jeune homme de vingt ans guérissait en dix jours, les personnes de trente-cinq ans en vingt jours, celles de quarante à cinquante en un mois.

Après cet âge, il faut de grands ménagements, y rester près de deux mois et faire annuellement un voyage aux Pyrénées.

## Des Douches.

Administrées sur toute la surface du corps, les douches stimulent l'action des organes, accélèrent les fonctions dans le cas de faiblesse, d'épuisement, surtout dans l'organisme.

On prend la douche dans le dernier quart d'heure de la durée du bain. Les grandes douches données dans des cabinets spéciaux, sont prises à la sortie du bain. Quelquefois, dit M. Lambron, il est nécessaire de les prendre à un autre instant du jour, suivant la facilité avec laquelle les eaux sont supportées.

Pour prendre une douche, il est préférable d'être assis ou couché La prendre *debout* est quelquefois nuisible.

La température de la douche varie de 38° jusqu'à 45° centigrades.

On appelle douche *descendante*, celle qui part de haut en bas. On y a recours pour les rhumatismes chroniques, les paralysies locales et les engorgements articulaires.

On nomme douche *ascendante*, celle qu'on dirige de bas en haut ou dans certains organes internes. On l'emploie contre les constipations, la leucorrhée; mais ses effets sont toujours lents à se produire.

La douche est *latérale* lorsqu'on l'emploie sur

un des côtés du corps. On ne doit jamais diriger le jet d'eau sur le point culminant de la partie malade; mais bien sur les côtés, afin de donner à la plaie ou à l'engorgement un stimulant qui, développant le mal, le fasse rentrer dans les rouages de l'économie.

Alors seulement l'usage combiné des bains et de la boisson peut opérer un résultat marqué.

La durée d'une douche est de 15 minutes; prolongée plus longtemps, au lieu d'être *stimulante*, elle deviendrait *palliative.*

Lorsqu'une maladie exige l'emploi des douches seulement, il est préférable d'en prendre une le matin, et l'autre le soir, au lieu de prolonger la durée d'une seule. Luchon possède 120 petites douches.

### Des Etuves.

Nous recommandons à nos lecteurs une grande prudence dans l'emploi des bains d'air chaud ou de vapeur d'eau en ébullition. Voici les conseils que donne à ce sujet M. le docteur Lambron : « Au sortir de l'étuve, les malades devront éviter avec le plus grand soin le moindre refroidissement qui, non-seulement arrêterait la sueur, mais pourrait leur faire courir de véritables dangers. Les personnes qui font usage de ces bains devront être toujours chaudement vêtues, car les bains de vapeur, plus que les autres, rendent la peau et la muqueuse pulmonaire impressionnables aux variations de l'atmosphère.....

« Les malades qui font usage des étuves sèches doivent être surveillés avec grand soin; car ils s'étiolent et s'affaiblissent considérablement, s'ils prennent un trop grand nombre de ces bains et surtout s'ils leur donnent une durée trop longue. »

## Des Piscines.

Dans son excellent ouvrage sur les eaux minérales, M. le docteur Fontan s'exprime en ces termes sur les *piscines* :

« La vaste étendue d'eau dans laquelle se trouve le malade lui permet de changer de place pour renouveler souvent la surface du liquide qui baigne son corps. Elle lui permet aussi d'exercer de grands mouvements qui facilitent la guérison de ces fausses ankyloses et de ces rétractions des tendons, quand ils sont exercés dans le milieu même qui sert à amollir ces parties; et les malades en commun éprouvent moins d'ennui. »

## Des Bains émollients et de leur utilité.

Ces sortes de bains doivent être pris alternativement avec les bains d'eau minérale. Il y a des bains de *son, d'amidon* et de *plantes émollientes.*

Le bain de *son* est adoucissant, hygiénique par excellence; il combat avec succès les maladies inflammatoires aiguës et chroniques, ainsi que certaines affections du système nerveux.

Une température douce est la première condition qu'exige le bain de son et celui d'amidon pour être calmants.

Le bain de *plantes émollientes* sert souvent à déraidir une articulation ankylosée. Il relâche et ramollit les tissus, diminue leur tonicité et en émousse la sensibilité exaltée momentanément par un état inflammatoire.

L'eau assouplit la peau et rend les mouvements faciles. La propreté, véritable vertu domestique, est une des plus indispensables conditions pour l'entretien de la santé.

Ce n'est pas seulement en agissant comme dissolvant des matières attachées à la peau que le bain éloigne la cause de la maladie, mais encore, à une température sagement appréciée, il calme l'irritabilité des nerfs, et il est, sous ce rapport, d'un usage indispensable dans le traitement des maladies, dans l'hygiène des femmes délicates, comme dans celle des hommes de cabinet, qu'une continuelle tension d'esprit prédispose aux affections du cerveau.

### Adresses des Bains émollients ou ordinaires.

**Tajan**, rue Legrand.
**Lacau**, rue de Larboust, 16.
**Maurette**, rue de Larboust, 14.
**Verdalle**, rue de Larboust, 20.

### Du Massage et des Frictions.

DU MASSAGE. — Les personnes qui se soumettent au massage éprouvent, par cette manœuvre, une indicible sensation de bien-être et d'excitation. Il semble que l'élasticité musculaire de la jeunesse se réveille sous la main qui la presse, que les forces se rétablissent, que le jeu de toutes les fonctions s'exerce plus librement.

La fatigue, surtout celle qui résulte de l'abus de la marche, de la veille ou de toute autre cause disparaît pendant l'acte même du massage. Il est difficile de croire qu'un pareil moyen n'ait pas une influence puissante sur l'homme malade. Aussi est-il d'expérience que dans les rhumatismes chroniques, dans les paralysies qui sont en voie de guérison, cette médication est d'un heureux résultat.

Il est certain que des phlegmasies internes, celles surtout de l'estomac, des intestins et des bronches, qui se lient le plus souvent à un état d'atonie de la peau, sont avantageusement modifiées par le massage.

DES FRICTIONS. — Les frictions favorisent la transpiration, répartissent également les forces vitales et les éléments de la nutrition, entretiennent un juste équilibre entre la peau et les organes profondément situés, assouplissent les muscles et les articulations, facilitent les mouvements, et donnent au corps plus de force et d'agilité.

Une brosse de flanelle, de crin ou de chiendent, d'abord douce, puis successivement plus dure, sont les instruments dont on se sert pour les frictions hygiéniques et médicales.

Les frictions doivent être faites dans le bain ou avec les douches de vapeur. On les fait également sur la peau sèche, le matin ou le soir, en imprégnant la brosse d'une liqueur excitante, l'eau de Cologne de préférence.

## Masseurs.

M. **Trespaillé**, à l'établissement thermal.
M^me **Trespaillé**, remplit les mêmes fonctions auprès des dames.

## HOPITAL THERMAL

Le premier hôpital était un établissement imparfait où les pauvres préparaient eux-mêmes leurs aliments. Ils étaient mal logés et couchaient dans de mauvais lits. Cet état de choses dura jusqu'en 1856.

M^lle Cécile de Laprade légua, à cette époque, une somme de 10,000 fr. pour faire construire et meubler un établissement charitable.

Ce legs étant insuffisant, M. Vidaillet, curé, M. Tron, maire, et le conseil municipal organisèrent une loterie, des quêtes, et l'on put acheter la vaste maison qui se trouve au centre de la ville, au milieu d'un grand jardin, ayant vue sur le port de Vénasque.

Le 10 juillet 1856 eut lieu la bénédiction de cet asile de charité.

Les sœurs de Saint-Vincent-de-Paul sont chargées du service.

L'*hôpital civil* reçoit les indigents étrangers auxquels la nourriture, les soins médicaux et l'usage des eaux sont accordés moyennant 1 fr. 25 par jour, pour les malades du département de la

Haute-Garonne, et 1 fr. 50 pour tous les autres, remboursés à la commune de Luchon par la commune d'où vient le malade. L'hôpital est ouvert du 15 mai au 15 octobre. Il faut, pour être admis, produire une ordonnance du médecin, avec signalement, et un extrait du rôle délivré par le percepteur, constatant que l'on ne paie pas plus de 5 francs de contribution directe.

M. le docteur Pégot (allées d'Etigny, 55) est le médecin titulaire de l'Etablissement.

## Des présages certains de guérison.

On reconnaît le présage d'une guérison prochaine dans les cas suivants :

Douleurs accrues dans le *rhumatisme*; quand la toux est moins sèche, avec expectoration modérée, dans la *phthisie* et le *catarrhe*; quand des graviers sont rendus avec douleur, dans la *gravelle*; quand il se montre des éruptions à la peau, dans les cas de *dartres*, *syphilides*, *boutons* et *furoncles*; enfin quand le sommeil et l'appétit sont bons et que les sécrétions normales sont rétablies.

## Gymnastique.

La gymnastique *hygiénique* a pour but d'exercer successivement tous les organes du corps, afin de leur faire atteindre un complet développement, d'entretenir leur santé et leur vigueur.

La gymnastique *médicale* a pour objet la guérison de certaines affections, ainsi que le redressement des déviations et déformations du corps. C'est particulièrement contre la faiblesse musculaire que ces deux genres de gymnastique dirigent leurs moyens.

## LES GUIDES A LUCHON

Les guides sont en général vêtus d'une veste courte et coiffés d'un berret bleu. Il serait utile que l'administration fît donner à ces Messieurs une carte personnelle, qu'ils pourraient montrer aux voyageurs, afin de pouvoir certifier qu'ils sont guides et ne sont pas cavalcadours : les premiers savent renseigner l'étranger, les seconds ignorent tout.

L'utilité des guides ne peut être contestée toutes les fois qu'on veut faire une course éloignée. C'est un homme dévoué qui s'attache à vos pas et vous montre sur le chemin une foule de choses que vous auriez toujours ignorées, si, par avance, vous n'aviez préparé votre esprit par la lecture détaillée de la course que vous entreprenez.

Quelque coûteux que soit un guide, on ne doit pas hésiter à le prendre, car un faux pas, une frayeur peuvent faire cabrer votre cheval et vous désarçonner. Alors seul, au milieu de ces profondes vallées, quel secours implorer ? Qui vous répondra ? A cette heure suprême, vous regretteriez de n'avoir pas à vos côtés un homme expérimenté qui puisse soulager vos maux, ranimer votre courage, vous porter en croupe au besoin, car son caractère officiel lui commande, au moment du péril, un dévouement sans bornes.

Nous avons eu l'occasion, en 1867, de mettre la volonté d'un guide à l'épreuve, et nous avons été frappé de sa bienveillante intelligence. Dans nos excursions, il est devenu un autre nous-même, il a défendu nos intérêts dans les hôtelleries espagnoles de Vénasque et de Bosost; il a porté nos vivres sur des pics escarpés, et a bien souvent par ses causeries trompé la fatigue qui nous arrêtait au moment d'atteindre le but tant désiré.

Que de voyageurs connaissant les Pyrénées prennent un guide pour ces motifs, et loin de les blâmer, nous conseillons à nos lecteurs de les imiter.

### Liste des Guides.

MM. Abadie (Joseph), rue Neuve.
Arrazau (Antoine), allée de Barcugnas.
Aurillon, excellent marcheur.
Barrau (Jean), rue Neuve.
Barrau (Barthélemy), rue Neuve.
Bourdette (Pierre-Jean), rue de Larboust.
Bourdette fils, allée des Soupirs.
Bajun (Guillaume), rue Neuve.
Capdeville (Jean), rue Miégeville.
Capdeville père, rue Miégeville.
Capdeville (Jean-Marie), rue Miégeville.
Capdeville (Bernard), rue Miégeville.
Capdeville (François), rue de la Madone.
Cantaloup (Pierre), rue Miégeville.

CANTALOUP (Guillaume), rue Capitou.
CIER (Baptiste), rue Neuve.
CIER (Blaise), rue du Courtat.
CIER (Pierre), rue du Courtat.
CIER (César), rue Miégeville.
CORET (Bertrand), rue Neuve.
CORET cadet, à Barcugnas.
COURRÉGE (Jean), rue Neuve.
DUSASTRE (Joseph), rue Miégeville.
DAURIN (Simon), rue de la Place.
ESTOUP (Joseph), rue Legrand.
ESTOUP (Jean-Marie), rue Legrand.
ESTRUJO (Bertrand), rue de la Cité.
FAGES (Pierre), à Barcugnas.
FONTAN (Jean-Bertrand), rue Legrand.
GAY (Félix), allée de Larboust.
HORILLON (Huguet), à Barcugnas.
JOUANETON frères, rue de la Place.
LAFONT (Jean-Bernard), rue Legrand.
LAFONT (Raymond), rue Neuve.
LAFONT (Bertr.), botaniste, rue de la Carraou.
LAFONT (Bernard), botaniste, rue Neuve.
LAFONT (Jean-Blaise), rue Neuve.
LAFONT (Bertrand), rue Neuve.
LAFONT (Jean-Baptiste), rue du Nord.
LAFONT (Jean-François), allée de Barcugnas.
LAFONT (Bertrand), rue Legrand.
LAFONT (Jean-Marie), rue Miégeville.
LARRIEU (Pierre), rue Neuve.
MAURETTE (Jean-Louis), place de la Mission.
MENAY (Marc), rue de la Place.
MARQUET-MENAY, allée des Soupirs.

Ousteau (André), rue de Piqué.
Perrou-Clarac, allée des Soupirs.
Pierre Baqué, allée des Soupirs.
Redonnet (Pierre), allée d'Etigny, 51.
Redonnet (Firmin), allée de Barcugnas.
Redonnet (Jean), rue Miégeville.
Redonnet (Jean-Antoine), allée de Barcugnas.
Redonnet (Charles), allée d'Etigny, 51.
Ribis (Jacques), rue Legrand.
Ribis (Antoine), rue Legrand.
Ribis (Jean-Marie), rue Legrand.
Ribis (Jean-Pierre), rue de la Place.
Ribis (Pierre), rue de la Place.
Raygot (Jean), rue Neuve.
Sors (Jean), allée d'Etigny.
Sors (Jacques), allée d'Etigny.
Sors (Pierre), place de la Mission.
Sors (Jean), rue Legrand.
Sors (Gabriel), rue de la Madone.
Sors (Jean), rue de Piqué.
Sors (François), place du Champ-de-Mars.
Sors (Pierre), place de la Mission.
Sapène (Jean), rue de la Place.
Sanson (Jean), chemin de Saint-Mamet.
Tournan (Jean), chemin du Cimetière.
Tournan (Bertrand), chemin du Cimetière.
Verdalle (Barthélemy), rue de la Carraou.

Les étrangers qui désirent n'explorer que les sommets, devront choisir parmi les guides suivants :

MM. Barrau (Pierre), rue de Piqué.

L'espagnol FRANCISCO, à l'entrée de la rue des Bains.
CAPDEVILLE, dit Estrujo, rue Miégeville.
LAFONT (Bernard), rue de la Carraou.
LAFONT fils, rue de la Carraou.
REDONNET, dit Michot, rue du Courtat.
REDONNET, dit Natte, rue Miégeville.
UBSULE (Bernard), à Barcugnas.

Nous avons donné plus haut le tarif officiel du prix des courses à cheval et en voiture. Quelques observations nous paraissent nécessaires pour compléter cette matière.

En dehors des prix du tarif, les voyageurs sont affranchis de toutes dépenses, autres que celles de péage et de droits d'entrée à la frontière espagnole.

On peut refuser tout cheval dangereux ou impropre aux courses.

Le guide est tenu aux égards et aux convenances qu'exige sa profession ; la moindre plainte sur son compte peut le faire révoquer.

Si le voyageur se fait accompagner par un guide, la journée de celui-ci et celle de son cheval sont payées en sus, suivant les prix du tarif.

La location des chevaux au mois se traite de gré à gré. Le prix des courses qui durent plus d'un jour, celles qui ne sont pas prévues au tarif, celles des sommets qui ne peuvent être faites qu'à pied, doivent être aussi réglées de gré à gré.

## Minéralogie.

Notre intention n'est pas de donner un long développement sur cette matière, la généralité de ceux qui nous liront s'occupant peu de cette science. Nous croyons cependant être utiles à quelques-uns en reproduisant ici le tableau des carrières et des mines de l'ouvrage de M. François, sur les environs de Luchon.

### CARRIÈRES ET MINES

|  |  |
| --- | --- |
| VALLÉE DE LUCHON.... | 1. Griotte sanguine de Cierp et de Signac. |
| | 2. Mines de plomb et cuivre, au Pont-Cazaux. |
| | 3. Amas de fer limoneux de Gouaux-de-Luchon. |
| | 4. Fontaine ferrugineuse d'Artigues. |
| | 5. Galènes de Moustajon. |
| VALLÉE D'OUEIL....... | 6. Galènes de Sacourvielle. |
| | 7. Marbre griotte de Maylin, près Saint-Paul. |
| | 8. Marbre sanguin du Bourg-d'Oueil. |
| VALLÉE DE LARBOUST.. | 9. Marbre rosé et sanguin de Jurvielle. |
| | 10. Ardoisière de Portet. |
| | 11. Ardoisière de Gouaux-de-Larboust. |
| VAL D'ASTOS.......... | 12. Mine de plomb du val d'Esquierry. |
| | 13. Mine de plomb du Lac glacé, près le Port d'Oo. |
| VALLÉE DE LA PIQUE.. | 14. Ardoisière de la Glère. |
| | 15. Mine de plomb argentifère de la Pique, près l'Hospice. |
| | 16. Mine de plomb du port de Vénasque. |
| VALLÉE D'ARTIGUE DE LIN | 17. Mine de plomb d'Artigue de Lin. |

| | | |
|---|---|---|
| VALLÉE D'ARAN........ | 18. | Mine de plomb de Bosost. |
| | 19. 20. | Amas de fer limoneux. |
| | 21. 22. | Amas de fer limoneux de Canejan. |
| VALLÉE DE MELLES.... | 23. | Banc de cristal près du pic Crabère. |
| VALLÉE DE SAINT-BÉAT. | 24. | Mine de plomb. } d'Argut-Dessus. |
| | 25. | Mine de manganèse. } d'Argut-Dessus. |
| | 26. | Marbre sanguin. } d'Argut-Dessus. |
| | 27. | Ardoisière. } d'Argut-Dessus. |
| | 28. | Marbre brèche de la Pène Saint-Martin, près Saint-Béat. |
| | 29. | Marbre blanc statuaire de St Béat. |
| | 30. | Ancienne mine de plomb de Chaum. |

A ce tableau nous ajoutons les renseignements suivants :

La chaîne des Pyrénées centrales n'offre que de faibles ressources en filons métallifères. On en trouve cependant çà et là quelques-uns :

*Vallée de Luchon*. Les montagnes qui s'étagent au-dessus du village d'Antignac appartiennent au terrain dévonien et recèlent des *calschistes* dans lesquels on trouve des débris d'*encrines* et d'*orthocères*. Ce terrain s'unit à Cazarilh, à des schistes noirs, striés, imprégnés de *carbone* d'un noir très-foncé, teignant les doigts, appartenant aux terrains siluriens supérieurs, où l'on trouve encore des formes organiques ou quelques articulations d'encrines.

Au-dessous de Moustajon, existent d'anciennes fouilles où l'on exploitait le plomb argentifère. Les montagnes sont surtout riches en *blende*. On y trouve aussi du *nickel*.

A la *Casseyde*, près de Luchon, on y trouve des

micaschistes cristallins aluminifères unis à la pyrite magnétique.

Le terrain de transition se termine à Montauban. A Luchon on ne trouve que des granits-gneiss, des pegmatites, des roches essentiellement cristallines et quelques autres roches d'éruption *Leptimite* et *Eurite*.

Dans la *vallée d'Oueil*, Saint-Paul, Laubons, Bourg, on exploite des couches de talcschistes amygdalins, appartenant à l'âge dévonien. A Bourg-d'Oueil, dernier village de cette vallée, il existe une carrière d'ardoise en exploitation.

*Vallée de Larboust*. Les schistes talqueux y dominent. A Jurvielle, il y a des mines de *manganèse pyrolusite* et d'*antimoine sulfuré*.

Dans la *vallée d'Oo* et la plupart des vallées qui descendent du port de ce nom, on trouve à l'état de *moraines* des blocs de *granites porphyroïdes*. Au lac d'Oo, les granites sont tourmalinifères. A la vallée d'Esquierry et au port d'Oo, filons de plomb argentifère assez riches.

La *vallée du Lys* est remarquable par les macles que l'on y trouve, soit dans les phllodes, soit dans les gneiss. Enfin, si l'on veut arriver au chaos de Grabioules composé de roches granitiques, l'on y trouvera des granits quartzifères et tourmalinifères et des pegmatites avec épidotes.

La *vallée de l'Hospice* est un terrain de transition. A la base du port de Vénasque, non loin de l'hôtellerie, existe un filon de galène très-riche en argent.

Plus haut, du côté de la *Picade*, on retrouve les

terrains siluriens supérieurs. Dans ces mêmes roches, qui ne sont que des schistes noirs graphitiques, existent des macles blanches cruciformes très-remarquables.

Tous ces minéraux ont été réunis dans une boîte et classés, suivant la méthode Leymerie, par M. Fourcade, médecin vétérinaire, place de la Mission, à Luchon.

Depuis longtemps ce praticien distingué s'occupe de la géologie des Pyrénées centrales.

Pour abréger un temps précieux et qu'il usait en renseignements, il eut l'heureuse et lucrative pensée de faire des collections qu'il vend aux amateurs à un prix infime. Son travail sur la *flore fourragère* de l'arrondissement de Saint-Gaudens qui lui a valu la médaille de vermeil et le titre de lauréat de l'Académie des sciences de Toulouse, le recommande d'une manière toute spéciale à ceux qui s'occupent de cette branche de l'histoire naturelle (*).

## Faune de Luchon.

ORNITHOLOGIE. — Dans la vallée de Luchon on trouve communément, l'hiver excepté : la *caille*, la *bécasse* grande et petite, la tourterelle grise; l'*ortolan* est très-rare, le *faisan* y est inconnu.

Les bergeronnettes et les mésanges se trouvent en très-grand nombre, un peu au-dessus des *der-*

(*) On trouvera les ouvrages relatifs à la géologie pyrénéenne, chez Gimet, libraire à Toulouse, et chez Lafont, libraire à Luchon, allées d'Etigny, 40.

*nières habitations*. A l'*entrée des bois de sapins*, on trouve le coq de bruyère et sa femelle, dont le plumage est complètement noir. Dans *les rochers* et sur *les bords des torrents* nichent le merle blanc à plastron et la fauvette. Sur *les hauts rochers*, la corneille et le pégo accenteur montagnard, qu'on reconnaît au capuchon noir qui recouvre sa tête et au large sourcil jaune qui prend son origine à la racine du bec et aboutit à la nuque.

Dans le milieu des *forêts de sapins*, habitent : les hibous, le corbeau, le choucas, faisant entendre la nuit leurs cris lugubres. Sur *les pics élevés* habite la perdrix blanche, dont la couleur se modifie quatre fois dans l'année et qui, grâce à ce changement, échappe facilement aux investigations des chasseurs. Sur *les sommets couverts de neige*, reposent, dans leur grave majesté, le vautour Arrian, le plus grand des quatre espèces connues, l'aigle impérial, et leurs vassaux : le faucon, le milan, l'épervier et la buse, qui ensemble couronnent les crêtes en véritables dominateurs.

Mammifères. — Notre intention n'est pas de vous parler du lynx, du sanglier et du cerf, animaux disparus de la *chaîne centrale* depuis près de deux cent cinquante ans. Dans ce rapide exposé, nous ne pouvons donner que le résumé de nos lectures, celles surtout que tout le monde pourra faire dans le *très-exact* et *très-complet* ouvrage de MM. Lambron et Lézat.

La vallée de Luchon est favorisée de tous les animaux qui se trouvent dans la plaine : le lapin, le lièvre, le renard, etc. Dans *les eaux de la Pique* on trouve le *desman*, espèce de rat dont la peau exhale et conserve longtemps une forte odeur de *musc*. Dans *les bois* on rencontre quelquefois l'*écureuil*, la *fouine*, la *belette* et plusieurs variétés de *chats sauvages*. C'est à l'un d'eux qu'est due la découverte de la *grotte du Chat*.

Le loup n'est pas rare dans les vallées d'*Astos*, d'*Esquierry*, de l'*Hospice* et de *Venasque*. L'*ours* brun se tient habituellement dans des lieux inaccessibles et n'est pas aussi querelleur que le *loup*.

Dans la *région des neiges* permanentes on trouve une quantité de rats très importuns.

Le *bouquetin* vient quelquefois habiter les montagnes de Luchon, qu'il traverse pendant l'été.

L'*isard* habite les sommets escarpés et les glaciers de la Maladetta ; il a beaucoup de ressemblance avec le chevreuil ; son poil est lisse, ses pieds fins et sa tête est surmontée de petites cornes, desquelles on fait un grand commerce à Luchon.

## Flore.

La flore luchonnaise est beaucoup trop considérable pour trouver place dans ce petit volume. Nos lecteurs nous sauront gré de cette réserve. — M. Fourcade vient de livrer à la publicité deux albums, l'un sur la *Flore luchonnaise*, l'autre sur les *Plantes médicinales indigènes*. Le monde savant et la jeunesse des écoles font grand cas du second de ces ouvrages.

Les amateurs y trouveront la nomenclature des

plantes qui croissent dans les lieux fréquentés par les touristes, et principalement de celles peu connues et dont le catalogue n'a pas été publié; le tout est accompagné de descriptions courtes, mais suffisantes pour que les *plantes nouvelles* puissent être reconnues de ceux-là même qui sont étrangers à cette science.

## De l'Eau ferrugineuse.

Il existe dans plusieurs localités voisines de Luchon, des sources d'eaux ferrugineuses. Comme nous aurons à les indiquer souvent, il est utile que nous disions un mot sur leurs propriétés.

Ces eaux agissent, en général, avec une certaine activité sur les premières voies. Elles rendent à l'estomac le ressort qu'il a perdu et favorisent les digestions.

Elles sont ordonnées avec succès contre les gonorrhées, les flueurs blanches, les diarrhées rebelles, les dysenteries chroniques. Il est essentiel, avant de faire usage de ces eaux, d'être purgé, lorsque l'estomac et les intestins sont remplis de crudités; car alors, au lieu d'être utiles, elles feraient du mal. Mais après qu'on aura pris un léger purgatif (eau de Sedlitz, infusion de séné ou limonade Rogé à 50 grammes), on éprouvera un grand bien-être de l'emploi des eaux ferrugineuses.

Elles rendent au corps la force et l'énergie, surtout aux convalescents; elles favorisent le dégorgement des glandes ou des viscères, surtout si, à leur usage, on joint celui des bains qui, amollissant les tissus, permettent aux eaux de pénétrer plus facilement et de dégorger peu à peu les tumeurs qui exigent le plus grand soin dans l'emploi des remèdes.

On doit les proscrire pour les tempéraments vifs, secs et irritables, ainsi que dans tous les cas inflammatoires.

Les sources ferrugineuses sont au nombre de six :

1° Source de Castel-Viel, sur la route de la vallée du Lys ;
2° Source de la Grotte-du-Chat (voir cette course) ;
3° Source de l'Etablissement thermal (galerie des Thermes) ;
4° Source de Barcugnas (à l'extrémité septentrionale de cette allée sur les montagnes de Cazarilh) ;
5° Source de Salles (près Juzet) ;
6° Source de Trébons, située à 4 kilom. de Luchon.

Pour arriver à cette dernière source, il faut entrer dans l'allée des Soupirs, suivre la route de Saint-Aventin, et après avoir dépassé le deuxième pont prendre le petit chemin qui monte à droite du village de Trébons, passer au pied de l'église, et suivre le sentier qui s'étend horizontalement sur le flanc de la montagne vers la tour de Castel-Blancat.

On n'a pas fait deux cents pas sur ce sentier, qu'on trouve l'espèce de petite hutte en pierre et en bois dans laquelle cette source est renfermée.

Les sources de *Castel-Viel* et de la *Grotte-du-*

*Chat* sont les plus riches en principes minéralisateurs. La bouteille d'eau apportée à domicile se vend 25 centimes (le verre non compris).

## PARTIE HISTORIQUE & PITTORESQUE

GÉOGRAPHIE. — Bagnères-de-Luchon, chef-lieu de canton de l'arrondissement de Saint-Gaudens (Haute-Garonne), est un joli bourg, à 629 mètres au-dessus du niveau de la mer, situé à 136 kilomètres de Toulouse (109m) (*), à 70 kilomètres de Bagnères-de-Bigorre (567m), à 85 kilomètres de Tarbes (309m), à 140 kilomètres de Foix (154m), et à 913 kilomètres de Paris (105m). Cette ville renferme 3,500 habitants; son sol est un terrain de transition.

Luchon est bâti à l'extrémité de la vallée de Luchon, sur les confins du ci-devant diocèse de Comminges, à peu près au milieu de la chaîne des Pyrénées. Il est placé au nord-ouest d'un riant et fertile vallon, entouré de montagnes cultivées à leur base et couvertes à leur sommet de bois propres à la construction, et non loin d'une gorge qui conduit aux vallées populeuses d'Oueil et de Larboust, sur la rive droite du *Go*. — Une autre rivière, la *Pique*, prend sa source dans les hautes monta-

(*) Tous les chiffres placés entre parenthèses, à la suite d'un hameau, d'un village, d'un bourg, d'une montagne, etc., indiquent son altitude au-dessus du niveau de la mer.

gnes que l'on voit au midi. Après avoir engraissé et fertilisé de son limon les belles prairies qui entourent Bagnères, elle va se joindre à la rivière du *Go* qui descend à grand bruit du lac d'Oo (1500$^{m}$). De la réunion des eaux de la *Pique* et du *Go* se forme, au-dessous du faubourg de *Barcugnas*, une nouvelle rivière qui prend le nom de *Neste-de-Luchon*, laquelle, après avoir traversé dans toute sa longueur cette belle contrée, va grossir la *Garonne*, au-dessous du village de *Cierp* (490$^{m}$). La ville forme un triangle dont chacune des pointes est prolongée par une allée, l'une de *platanes*, l'autre de *sycomores*, la troisième de *tilleuls*. Les routes qui conduisent à Luchon sont très-belles. La vallée de Luchon commence à *Cierp* et se termine à la tour de *Castel-Viel*, où les montagnes de Bagnères et de Saint-Mamet semblent se réunir.

Depuis le village de *Cierp* jusqu'à celui de *Cier-de-Luchon*, les montagnes se séparent pour livrer passage, d'un côté à l'une des principales sources de la Garonne, et de l'autre à une route extrêmement accidentée, dont le parcours est égayé par de nombreux villages et de champêtres habitations, situées sur les hauteurs d'une manière tout-à-fait pittoresque.

Bagnères-de-Luchon tire son nom de ses eaux thermales : *Aquæ Balneariæ Lixionensis*.

Histoire. — Les eaux de Luchon jouissaient d'une grande célébrité du temps des Romains, ainsi qu'on peut s'en convaincre par le grand nombre de débris d'autels, de sarcophages, etc., qui font aujourd'hui l'ornement du Musée de Toulouse. Ces restes impérissables des monuments fondés par ce peuple étonnant qui laissait l'empreinte de son génie, de sa magnificence et de son bon goût dans tout ce qu'il entreprenait, furent découverts, ainsi qu'une vaste piscine très-bien conservée, dans les fouilles que firent *Bayen* et *Richard*, dont les noms sont encore chers aux savants. Ces antiquités prouvent d'une manière certaine qu'alors, comme aujourd'hui, ces eaux étaient reconnues souveraines pour la guérison des affections morbides.

De là aussi, les vœux que l'on adressait aux aimables divinités des eaux et des montagnes.

Le maréchal duc de Richelieu se transporta à Bagnères-de-Luchon dans l'année 1762. Protecteur des sciences et des arts utiles, il favorisa le rétablissement et le développement des bains. Après lui vint M. d'Étigny, qui, par de grands travaux, obligea les habitants à souffrir leur prospérité future.

Luchon est aujourd'hui dans sa splendeur; il peut devenir plus florissant encore. On voit depuis quelques années, près des Quinconces, de vastes corbeilles de gazon entourées de rosiers, une gerbe d'eau au milieu d'une corbeille de fleurs, un lac pouvant se dessécher, et dans lequel tombe une cascade descendant de la *Fontaine d'Amour*; de nombreux poissons, des cygnes, des alcyons se promènent sur sa surface tourmentée. Les sentiers qui conduisent à la *Fontaine d'Amour* et à la *Chaumière* ont été aplanis, ils sont plus nombreux et rendent plus facile cette fréquente ascension. Les pentes qui séparent les allées sablées sont gazonnées, et désormais elles ne serviront plus de repaire à ces petits serpents qui, étendus au soleil, faisaient reculer d'effroi les jeunes touristes.

Dans la plaine qui sépare l'allée de la Pique des maisons de la rue d'Espagne, on trace des jardins anglais, des promenades qui relieront entre elles toutes les avenues du quadrilatère de la *Lane*, et feront de cette partie de la vallée la retraite la plus attrayante que puissent choisir les malades convalescents. Bientôt la rue Legrand reliera en droite ligne l'allée d'Etigny à celle de Barcugnas et formera ainsi une magnifique avenue. L'air et la lumière vont inonder ces quartiers qui semblaient à jamais déshérités. Par les travaux déjà exécutés, la rue de la Commune peut donner une idée des embellissements projetés.

Avec l'impulsion donnée par la municipalité, les habitants ne pouvaient demeurer inactifs. Aussi voit-on s'élever de magnifiques hôtels, là où gisaient, il y a dix ans, des masures enfumées. De nouvelles *villas* se créent sous la baguette magique du progrès, et la nature elle-même se laisse complaisamment aller aux exigences de nos modernes Lucullus. En élargissant les rues de l'ancienne ville, la municipalité luchonnaise donnera satisfaction à de nombreuses demandes, que nous trouvons fondées, et elle justifiera l'espérance des habitants en plaçant Luchon au premier rang des villes thermales.

## Promenade en ville.

L'Église. — L'église actuelle, située au centre de la ville-mère, a été construite pendant les années 1847 à 1857, sur les plans de M. Loupot. Elle est entourée d'une ceinture d'acacias; quatre marches conduisent à la porte principale. L'intérieur est orné d'un maître-autel très-beau, de quatre petites chapelles, et d'une chaire en marbre blanc.

On y remarque quelques fresques estimées dues au pinceau de Romain Caze. L'artiste a représenté le couronnement de la Vierge, les litanies personnifiées, l'ancien et le nouveau Testament. L'église possède aussi deux tableaux remarquables : l'un, signé Caminade, représente Jésus et la Samaritaine; l'autre, de Romain Caze, représente la guérison du paralytique. On ne pouvait mieux choisir les sujets pour la ville de Luchon. L'église est sous le vocable de la Vierge, la fête se célèbre le 15 août.

Marché. — Le marché est situé rue Legrand et place du Champ-de-Mars.

Chaque jour, dès cinq heures du matin, les petites places se couvrent de légumes et de fruits. On y voit des truites en quantité, toute sorte de gibier à plumes; l'izard, le lièvre, la viande de boucherie, les fraises et les framboises. Le bœuf est apporté de Toulouse. Les grandes pièces de gibier, les beaux poissons, les morceaux délicats sont toujours accaparés par les restaurateurs.

Allées d'Etigny. — Les allées d'Etigny, d'un parcours de 608 mètres, vont de l'intérieur de la ville à l'établissement thermal. Elles sont ombragées par quatre rangées de tilleuls, plantés en 1776, et dont l'épais feuillage protége les promeneurs de l'ardeur brûlante du soleil. Nulle part, dans les Pyrénées, on ne trouve des allées aussi belles et d'un aspect aussi alpestre.

Les allées d'Etigny, par l'affluence des promeneurs, par la beauté de ses hôtels, sont spécialement consacrées aux caprices de la mode, à l'aristocratie des logements, à la somptuosité des cafés, au commerce des albums et aux principales productions de l'esprit français, dont vous trouverez la librairie Lafont abondamment pourvue.

**Plans en relief des Pyrénées centrales,**

*de la chaîne entière, des galeries souterraines des sources de la ville de Luchon.*

Nous avons parlé, dans la première partie de cet ouvrage, de l'établissement thermal et nous n'y reviendrons pas. Cependant, parmi les curiosités de Luchon, il ne faut pas oublier les plans en relief des Pyrénées, des galeries souterraines et de la ville de Luchon.

Ces plans sont situés au bout du grand escalier, au fond de la nef de l'établissement thermal. — Dans ce travail, merveilleux de vérité, dans ce moulage exact, scrupuleux jusqu'aux moindres détails, on voit les nombreux villages, les lacs, les cabanes aux toitures de chaume, les pics neigeux, les vallées encaissées par de hautes montagnes aux pentes abruptes, rapides, gazonnées ou couvertes d'une pelisse de sapins ; en un mot, tout ce que renferme la chaîne a été mathématiquement reproduit par M. Toussaint-Lézat.

Les touristes, les hommes qui se livrent à l'étude des sciences naturelles, les malades impotents, tout le monde, enfin, doit s'empresser d'aller les visiter dès son arrivée à Luchon, afin de faire connaissance avec le pays et se rendre compte de l'intérêt que peuvent offrir les excursions.

On y voit également le plan en relief de la Crimée en 1854, époque à laquelle le géant du Nord luttait contre les armées alliées, et le plan du percement de l'isthme de Suez.

Ces plans sont visibles tous les jours, de midi à six heures. — 1 fr. par personne; 2 fr. pour toute la saison.

Quinconces. — En face de l'établissement thermal sont les Quinconces qui, s'il est permis de s'exprimer ainsi, sont, en quelque sorte, le vestibule de cette longue promenade, nommée la *Pique*, qui forme à la ville une ceinture de feuillage.

Cette allée, plantée d'ormeaux, se détourne à gauche, suit le torrent et se relie à une troisième allée du nom de *Piqué*, qui ramène le promeneur à Luchon.

L'orchestre du théâtre de Toulouse se fait entendre pendant le jour, de 4 h. à 5 h. 1/2, sous le kiosque de la promenade des buvettes, et le soir de 7 h. à 10 h., sous le kiosque situé vis-à-vis l'établissement.

Le matin, l'après-midi, le soir, à toute heure de la journée, les Quinconces sont remplis de promeneurs; quelques personnes circulent çà et là, un livre à la main, les enfants jouent, les malades causent entre eux. Mais c'est surtout le soir que les Quinconces deviennent le rendez-vous de ce que Luchon renferme de plus élégant et de plus gracieux.

NOUVEAU CASINO.—Les plaisirs, les distractions que le séjour de Luchon procure aux étrangers, offrent cependant une lacune. C'est le soir qu'elle ait vivement sentie : il manque un centre de réunion.

La municipalité vient de voter la construction d'un Casino, vaste et splendide bâtiment où les étrangers pourront se réunir. Ce bâtiment sera construit au centre du quadrilatère, formé par l'allée de Piqué, les nouveaux boulevards, l'allée des Quinconces et l'allée de la Pique.

Le projet dressé par M. E. Chambert, architecte des Thermes, renfermera des salles de concert, de bal, un théâtre, des salons de lecture, de billards, de rafraîchissements.

Les locaux seront vastes et spacieux; à l'intérieur comme à l'extérieur, ils seront richement décorés.

Moyennant un abonnement, les étrangers seront admis au Casino.

## PROMENADES HYGIÉNIQUES

### Le Bosquet.

**Fontaine d'Amour. — Mail de Soulan.**

**Distance (aller et retour) : 10 kil. 190 mètres. — Durée 3 h. 45 m.**

A l'extrémité de l'Etablissement thermal, en face de la petite porte, s'ouvre un sentier. En suivant ses nombreux circuits, en appuyant toujours à gauche, on voit, après vingt minutes d'ascension, le sentier se prolonger sur le flanc gauche de la montagne et aboutir à la *Chaumière*.

Du kiosque placé devant ce petit restaurant, la vallée s'offre tout entière à vos regards.

A vos pieds, Bagnères-de-Luchon, coupé dans sa longueur par le cours d'Etigny. A votre droite, au bout de la route, est le village de *Saint-Mamet*, aux toitures grisâtres, aux murs sales et d'aspect misérable.

Des flancs du village s'échappe un chemin courant au milieu des prairies et s'arrêtant à *Montauban*, dont la blanche église, placée en vedette, attire d'abord l'attention.

Au-dessus, la montagne égratignée laisse voir les sentiers qui conduisent à la *cascade* et à la *grotte du Chat*. Plus loin, le village de *Juzet*, perdu dans les méandres de la vallée, derrière les hauts peupliers, montre son clocher pointu. Enfin, au loin et comme entre deux foudres, se devine le village de *Salles*. Puis la route se traîne comme un ruban et se relie à *Barcugnas*, faubourg naturel de

Luchon ; et, dans la vallée, les châlets suisses, les kiosques peints en vert, en jaune, montrent leurs formes bizarres et dentelées.

Le matin, vers cinq heures, les brumes remplissent la vallée entière ; le soleil s'élève derrière la montagne, et les brouillards montent lentement, comme un rideau de gaze épaisse, découvrant peu à peu les prairies et les champs qui forment autour de la ville un immense damier. L'eau du torrent, pressée en petites vagues, scintille aux obliques rayons de l'*astre-roi* et vient compléter harmonieusement l'ovale enchanteur de la vallée.

A la *Chaumière*, on vend du lait à *trente* centimes le bol. On y sert aussi à manger,

Le *Mail de Soulan* est ce belvédère qui fait saillie au-dessus de la *Chaumière*. Le chemin qui y conduit est le même que celui de la *Fontaine d'Amour*. Il faut donc redescendre, suivre le premier chemin horizontal qui se présente, et après avoir fait 130 pas environ, on se trouve à la *Fontaine d'Amour*. Puis, à mi-côte, le chemin passe devant plusieurs granges. Après avoir dépassé la dernière cabane, on descend à gauche à travers champs, pour arriver à la petite prairie entourée d'arbres qui couronne ce rocher. La vue, de ce point, équivaut à celle de Super-Bagnères.

Au retour on suit le même chemin.

En descendant toujours sur le flanc gauche de la montagne, on arrive à une plate-forme récemment construite, et qui, après l'élagage de quelques peupliers, offrira un point de vue tout aussi beau que celui de la *Chaumière*.

## Casseyde.

**Allée des Soupirs. — Allée de Barcugnas.**

Distance (aller et retour) : 4 kilom. 216 mètres. Durée : 1 heure 15 min.

La promenade que nous conseillons aux valétudinaires, quand le vent est froid ou que le ciel gris ne permet pas au soleil de se montrer, est celle de la Casseyde. On peut indifféremment passer soit par l'*allée des Soupirs*, soit par l'*allée de Barcugnas*. Si le lecteur veut bien, nous commencerons par la première qui prend naissance au Champ-de-Mars, lequel se trouve à l'extrémité de la rue de la Commune.

L'allée des Soupirs, qu'on appelait autrefois, avec plus de raison, *allée des Zéphyrs*, est plantée de sycomores et de sorbiers qui datent de 1780. Le premier objet que l'on rencontre à droite, à 1 kilomètre, c'est la pierre thermale. A quelques pas à droite se trouve une tournerie de marbre. Nous sommes sur le pont de *Mousquérès*; un four à chaux est à chacune de ses extrémités; il faut traverser ce pont; la route monte sensiblement jusqu'au premier tournant où se trouve une croix. Descendez par le sentier qui, s'ouvrant à droite, passe devant une maison; le chemin est dénué d'arbres et va en s'élargissant, — une carrière en exploitation permettra bientôt de faire une belle route, — le chemin descend toujours et va se mettre au niveau du torrent, où quelques saules pleureurs trempent leurs branches languissantes. Le torrent se bifurque; pas d'arbres; un étendoir.

On passe devant le cimetière. A travers la grille qui le ferme, on aperçoit le mausolée de Nérée Boubée, qui a voué sa vie et ses travaux à Luchon, dont il était l'admirateur passionné. A droite, le village de Barcugnas. On tourne à droite pour rentrer à Luchon; pont; gendarmerie.

---

## Promenades à cheval ou en voiture autour de Luchon.

### Petit tour du Vallon.

Distance (aller et retour) : 5 kilom. 90 mètres. Durée : 1 heure 25 min.

Les personnes impotentes et les enfants trouveront sur le cours d'Etigny des *âniers*, qui louent leurs bêtes à l'heure et à la course. Il n'y a pas de tarif. Le prix se fixe à l'avance, suivant l'heure, la saison ou la concurrence; le prix varie de 50 centimes à 1 fr. l'heure. Le prix est double si vous vous faites accompagner.

---

### Saint-Mamet.

Distance : 1 kilomètre.

Le village de Saint-Mamet se relie à Luchon par une promenade qui prend naissance à l'Etablissement thermal, près de la buvette du *Pré*. Ce village renferme environ 500 habitants. Rien de curieux ne peut arrêter le touriste, avide de sensations artistiques. L'église porte la date de 1526.

Les peintures du maître-autel représentent les douze Apôtres. Au-dessus sont Jésus et sa mère;

sur les piliers latéraux on remarque, à gauche, saint Mamet; à droite, saint Bertrand. — Dans la chapelle de gauche se trouve : la Fuite en Egypte, dans celle de droite, une statue de la Vierge. — Le fond de l'église est délabré, on croirait que tous les soins de la commune ont été pour les trois chapelles, et qu'après avoir travaillé pour Dieu, on ne devait rien aux fidèles qui donnaient l'argent. Les peintures murales qu'on remarque dans l'église sont dues au pinceau de M. Romain Caze.

Il y avait autrefois une fabrique d'azur, qui est tombée par l'incurie des habitants. Aujourd'hui, plus éclairés sur leurs véritables intérêts, quelques industriels ont établi sur le torrent des scieries mécaniques du meilleur rapport.

Avant de quitter le village, nous engageons le touriste à faire une station dans le magnifique établissement que vient de fonder M. Carpentier de Jean, sur l'emplacement occupé jadis par la fonderie de Saint-Mamet.

M. C. de Jean, directeur, vient d'y établir une exposition permanente, artistique et industrielle que l'on est admis à visiter depuis le 15 mai.

---

## Cascade de Sidonie.

**Distance : 2 kilomètres.**

A 1 kilomètre de Saint-Mamet se trouve la cascade de Sidonie, autrefois appelée *Pich des Vergés*. qui se trouve sur la route de Bosost. (Voir cette course.)

## Montauban

**Jardin du Curé. — Cascades. — Eglise.**

Distance (aller et retour) : 4 kilom. 500 mètres. Durée : 1 heure 30 min.

A gauche de Saint-Mamet, la route, comme un large ruban étendu au pied des montagnes, conduit le voyageur à *Montauban* (650m), village de 300 habitants.

L'église se montre tout d'abord, laissant deviner par son style et sa coquetterie, que seule elle ambitionne l'honneur d'une visite.

M. l'abbé Carrère, curé de la paroisse, en a posé la première pierre, le 16 septembre 1854, et l'a placée sous le vocable de sainte Christine.

La construction a été dirigée par M. Loupot, auquel Luchon doit la renaissance de son église.

Les sculptures sont de M. Cassagnabère. Il faut visiter l'église et ses cryptes.

Celles-ci s'ouvrent de plain-pied sur le cimetière, au milieu duquel s'élève nne belle croix gothique en marbre blanc de Saint-Béat.

Pour arriver au jardin de M. le curé, on monte en haut du village, en appuyant à gauche, et l'on va frapper à une grande porte cochère peinte en vert.

La domestique du curé vous reçoit et demande *cinquante centimes* pour droit d'entrée.

Ce jardin s'élève en spirale agréable, au nombre de dix-neuf tournants, jusqu'au plateau où se déverse une magnifique gerbe dans un bassin circulaire. Devant ce réservoir sont placés trois siéges et une table, autour de laquelle on peut faire une délicieuse collation. Mais si vous regardez à la naissance de la gerbe d'eau, entre les saules qui la couronnent, vous ne tarderez pas à voir une *figure humaine* qui, avec de grands gestes, vous invite à gravir encore.

Cette femme donne le frisson à ceux qui, ne s'attendant pas à cet appel, rêvent nonchalamment devant la cascade, un londrès aux lèvres, laissant errer sur les beautés alpestres de ce lieu des regards distraits.

On peut gravir en trois minutes le sommet du jardin clôturé par une petite porte. Arrivé là, l'on suit un sentier fangeux, bosselé de rochers, coupé par un filet d'eau qui s'élargit sur le sol. Un bruit assourdissant conduit à l'entrée d'une caverne où la masse d'eau tombant lourdement des hauteurs de Poujastou, répand une atmosphère glaciale qui pénètre les assistants. Nous engageons les touristes, de tout âge, à bien se couvrir afin d'éviter les fluxions de poitrine qui résulteraient d'une station prolongée dans ce lieu.

On redescend sur la route; à droite, devant la porte principale de l'église, et attenant, se trouve une belle maison destinée à l'instruction des jeunes filles.

---

## Juzet.

**Cascade, Eglise.**

**Distance (aller et retour) : 6 kilom. 500 mèt. — Durée : 2 h. 30 min.**

Une demi-heure de marche sépare Montauban du joli hameau de Juzet (610 mètres), ayant une population de 450 habitants, presque tous robustes chasseurs.

On y voit un moulin, un frais ruisseau l'arrose,
Le gazon s'y déroule en tortueux rubans,
Et dans chaque jardin on peut cueillir la rose
Et la fleur de l'amour au sein de ses enfants.

Pour entrer dans Juzet, on suit le petit chemin qui fait angle avec la grande route, près d'un pont. L'eau du torrent est celle de la cascade. En le remontant, on passe devant une statue de la Vierge, tenant dans ses bras le sauveur du monde, debout sur un globe ennuagé. On a fait un joli bosquet à la mère de Jésus; à côté sont placés deux troncs pour recevoir votre offrande. En face se trouve le presbytère. Marchez encore, ne vous émouvez pas de la quantité de petits drôles qui ne vous suivent que pour avoir des sous; contournez un moulin à cheval sur le torrent, et suivez le petit sentier qui aboutit à la porte d'une masure qu'on a voulu ombrager de peupliers. Là on donne ce qu'on veut, 10 ou 25 centimes. L'on monte une vingtaine de pas et l'on voit la cascade tombant d'une hauteur de 40 mètres.

En revenant près de la passerelle, un sentier se montre à droite : il peut servir à vous donner une *vue* sur une partie de la vallée de Luchon ; mais, je vous préviens, votre chaussure en souffrira.

Revenons sur la route. Le chemin qui se présente à vous en sortant de Juzet, ramène le voyageur à Luchon, par le faubourg de Barcugnas. Celui de gauche est le même qui vous a conduit de Montauban à Juzet.

### Salles. — Antignac. — Moustajon.

**Distance (aller et retour) : 6 kil. — 8 kil. — 9 kil.**

Le chemin de droite continuant le tour du vallon, laisse voir, sur les hauteurs, à droite, les hameaux suspendus de *Sode* (914$^{m}$) et d'*Artigues* (1241$^{m}$) et revient à Luchon en traversant Salles (600$^{m}$), Antignac (600$^{m}$), Moustajon (630$^{m}$), Salles-et-Pratviel, petits villages qui méritent de fixer l'attention du touriste : Salles-et-Pratviel est remarquable par ses sources ferrugineuses et son pont de bois jeté sur l'Osne. Antignac, par son église, toute en pierre de taille, élevée récemment à grands frais par les ressources de la commune, église aussi coquette au-dedans que majestueuse au-dehors, et très-remarquable par la hardiesse de son architecture ; Antignac a une autre renommée : tous les ans, la ville de Luchon donne des courses au profit de son hôpital, et c'est snr le territoire d'Antignac que se dresse le turf. Deux ou trois fois chaque année et vers les mois de juillet et d'août une société aussi élégante que bien choisie vient demander l'hospitalité aux Antignaçais. Ceux-ci, nous en avons été témoins, la donnent avec une gracieuseté écossaise, et mettent, avec le plus grand empressement, tout ce qu'ils possèdent et eux-mêmes à la disposition de leurs hôtes.

Moustajon attire la curiosité du passant par son église, qui remonte à la plus haute antiquité,

Ce village est encore remarquable par une

ancienne tour à signaux, située sur un rocher, et servant autrefois à surveiller toute la vallée de Luchon.

---

## Barcugnas.

**Distance (aller et retour) : 2 kilom. — Durée : 45 min.**

Barcugnas, faubourg de Lnchon, appartient à l'historique de ce dernier. Nous ne pouvons cependant pas traverser le faubourg sans mentionner qu'il a été, il y a quelques années, le théâtre d'un incendie considérable. Une grande quantité de maisons furent la proie des flammes. Aujourd'hui, grâce à des dons nombreux et des quêtes très-productives, les incendiés ont pu construire des maisons en pierre, très-élégantes et très-confortables, là où il n'y avait que des masures de bois et de chaume. Barcugnas a aussi une église, mais délabrée, si délabrée, que depuis longtemps on n'y dit plus la messe.

---

## Castelviel.

**Fontaine ferrugineuse.**

**Distance (aller et retour) : 6 kilom.— Durée : 2 h. 1/2.**

On arrive à Castelviel en suivant la route d'Espagne qui commence derrière l'hôtel Bonnemaison, situé en face de l'Etablissement thermal.

On chemine sur un terrain plat jusqu'à la maison de M. Sors-Argarot. A partir de là, le chemin devient montueux. On passe devant la chapelle de *Bargnatigues*, et plus loin devant le poste des douaniers ; à un kilomètre, à gauche, se dresse la tour de Castelviel (772m), ruine impassible de la féodalité.

Les signaux sémaphoriques arrivaient de l'Espagne par Vénasque ; ils étaient d'abord répétés par la tour de Castelviel ou par celle d'Oo qui les transmettaient à celle de Castel-Blancat ou Moustajon, où ils étaient contrôlés. De Moustajon, ils étaient transmis à Guran, puis à Aroujet ; de ce dernier lieu, ils montaient aux sources de la Garonne, par Marignac, Saint-Béat, Lez, Fos, Puymaurin, Castel-Léon, Vieille, ou bien ils descendaient dans le bas Comminges par les tours de Fronsac, Galies, par l'atalaye du bord de la Garonne, au nord-ouest de Saint-Bertrand et par celle de Gourdan près Montréjeau.

Montez à la tour et voyez d'un œil indifférent, si vous le pouvez, le beau, le magnifique paysage qui se déroule autour de vous.

Cette ascension à la plate-forme vous coûtera 50 centimes. En remontant sur la grande route, on voit, plus haut, une porte en fer jouant sur deux piliers crépis à la chaux et s'ouvrant sur un petit sentier dont les zig-zags en pentes rapides conduisent à la *source ferrugineuse*, dont l'eau glacée s'échappe violemment d'une fissure de rocher. Le verre d'eau s'y vend 10 centimes. Entre deux verres d'eau, suivez le torrent, passez le petit pont et voyez le fond de la gorge hérissée de rochers moussus.

Vous pouvez revenir à Luchon par le même chemin ou bien, après avoir traversé la Pique, passer par Saint-Mamet.

## DES ASCENSIONS

Nous faisons précéder le chapitre des excursions par une citation empruntée à un homme compétent sur un semblable sujet, M. Lambron, docteur en renom.

Il s'exprime ainsi :

« Les premiers moments des courses ascensionnelles sont les plus pénibles : la respiration s'accélère, devient plus courte, malgré les efforts faits pour la rendre profonde ; le pouls bat plus vite : de 70 à 75 pulsations qu'il donne à l'état normal par minute, il ne tarde pas à dépasser 100 pulsations. Le corps se couvre de sueur, les muscles se lassent, la soif est vive ; on est facilement porté à désespérer d'atteindre le but proposé ; mais quelques instants de repos réparent si vite ces petits désordres, que le courage renaît avec la même rapidité. En continuant l'ascension, ces phénomènes se renouvellent, mais ils deviennent de moins en moins prononcés ; les organes s'habituent à ces influences insolites, et leur surcroît d'action devient moins pénible. On trouve d'ailleurs de puissants allégements dans certaines conditions inhérentes à toutes les ascensions. Ainsi les chemins de montagne ne sont pas constamment ascensionnels, leur plan subit de nombreuses inflexions, de sorte que, si le plus ordinairement il faut monter, très-souvent aussi il faut marcher horizontalement et même descendre.

» Ce ne sont pas toujours les même muscles qui sont toujours en activité ; ces temps de relâche, sinon de repos, apportent autant de soulagements très-marqués.

» Les premières courses dans les montagnes, surtout celles suivies de descentes trop longues, laissent une lassitude générale et des douleurs dans les muscles ; mais cette espèce de courbature dure rarement plus de 24 à 48 heures. Un peu de repos suffit à la faire disparaître ; lorsqu'elle persiste, quelques bains, des frictions sèches et une nouvelle excursion, sont les meilleurs moyens de terminer ces douleurs ; car une douce chaleur, un léger massage et la contraction des muscles, forcent le sang qui persiste à engorger les vaisseaux capillaires à reprendre son cours. »

## EXCURSIONS EN VOITURE OU A CHEVAL

### Vallée du Lys. (1101m)

**Cascade, gouffre et rue d'Enfer.**

**Distance totale, aller et retour, 32 kil. — Durée de la course, 7 h.**

**Prix : voiture à 2 chevaux, 20 fr. ; à 4 chevaux, 25 fr. ; guides et chevaux jusqu'à la cascade, 5 fr., jusqu'au gouffre 6 fr., jusqu'au lac Vert, 8 fr. chacun.**

L'étranger qui ne cherche que plaisirs et distractions utiles à la santé, ne manque jamais d'aller visiter la gracieuse vallée du Lys qui domine celle de Luchon (*).

(*) La plante qui abonde dans la vallée du Lys et qui lui a donné

Pour aller à la vallée du Lys, il faut suivre la route qui conduit à la fontaine ferrugineuse de Castelviel en passant devant les postes de douaniers.

Si vous êtes bon cavalier, vous pouvez hardiment déchirer les flancs de votre cheval, passer le pont de Lapadé et arriver jusqu'au deuxième pont Ravi, qu'il faut traverser.

La route se rétrécit et devient gorge, le chemin est rocailleux; de tous côtés la nature se grandit de toute sa majesté; les montagnes montrent leurs croupes hérissées de hêtres et de sapins. La cascade *Barrié* du nom de l'ancien inspecteur des eaux, s'échappe de la forêt de Bonneou. Le torrent mugit, et bientôt on est sur les bords du gouffre de *Bonneou*. Le gave furieux, écumant, se jette dans le gouffre et produit, du petit pont de pierre, des émotions de frayeur.

son nom, est l'*anthérieum liliastrum*, ou lis Saint-Bruno. Ce lis, improprement appelé, appartient au genre *paradisias;* il a les fleurs d'un blanc éclatant, les feuilles graminiformes et les racines fibreuses. — On trouve aussi dans la vallée du Lys le *P. Lilium Pyrenaicum* et le *Lilium martagon*, ces deux espèces, moins abondantes, appartiennent au *genre lilium*. Le lis des Pyrénées (fleur d'un beau jaune ponctué de noir à la base) habite la *rue d'Enfer* et la *Bâche du Lys*; le martagon (fleurs rosées ponctuées de pourpre) habite la cascade du Cœur et la vallée. Une opinion opposée écrit Litz au lieu de Lys, parce que ce mot en langue celtique veut dire avalanche. Il paraît que les premiers aubergistes qui se sont établis au fond de la vallée ont eu à souffrir des *nombreuses avalanches* qui, à la fin de l'hiver, envahissaient et détruisaient leurs chétives cabanes.

Ces dévastations annuelles les obligèrent à s'en éloigner et à construire leurs habitations sur les bords du torrent.

Plus loin, à mesure qu'on approche, les cascades font entendre leur grondement monotone. Le gouffre *Richard*, moins fougueux, mais non moins bruyant, est à quelques pas. On chevauche longtemps encore en se demandant si le ravin dans lequel on est aura bientôt un horizon plus vaste. Enfin on entre dans le cirque de la vallée de Lys: le sentier que l'on parcourt s'échappe dans une vaste prairie encadrée de cascades, de pics neigeux, et de gracieux châlets assis sur le dos des montagnes.

Lâchez la bride à vos impressions, car le cheval que pressent vos genoux ira bien seul où vous voulez aller. Au fond de la vallée on trouve trois auberges où s'arrêtent les voyageurs.

Derrière ces maisons le sentier se continue jusqu'à la cascade d'Enfer !... C'est un spectacle bien beau que cette cascade se creusant dans le roc un noir conduit et brisant dans un gouffre ses eaux impétueuses et courroucées.

En tournant le dos à la cascade, on voit à gauche deux petits chemins cachés sous les bruyères, qui conduisent aux ponts superposés.

L'ascension est faite en 45 minutes, dans un sentier de mulet, bordé de noisetiers, qui va toujours s'élargissant jusqu'au deuxième pont construit en pierre.

Aux deux extrémités de ce pont, est un chemin tracé en demi-cercle sur la pelouse, se rejoignant à l'endroit où était autrefois un premier pont du nom d'*Arrougé*, qui s'est écroulé pendant l'hiver de 1867.

En remontant, le sentier passe sur la rive droite du torrent, laisse à gauche le deuxième pont, et atteint en 30 minutes une terrasse à laquelle est appendu un escalier en pierre. De la dernière marche l'on peut voir, non sans épouvante, le gouffre d'Enfer ! Remontez l'escalier quelques pas encore, et vous arrivez au pont Nadie qui était le troisième et n'est plus que le second en réalité (le pont d'Arrougé n'existant plus) : malgré cela on continue à le désigner comme le troisième.

Passez-le ; à partir de là, un chemin nouvellement construit monte sous bois en serpentant à gauche du torrent, et permet aux cavaliers de s'élever jusqu'aux sommets de la montagne, c'est-à-dire aux glaciers, en deux heures de marche. A mi-chemin du pont Nadie aux glaciers débouche le sentier abrupte, impraticable aux chevaux, qui conduit à la rue d'Enfer. A mi-sentier on passe un petit torrent dont l'eau fraîche ne fait jamais de mal aux poitrines altérées.

Quelques pas encore, le chemin oblique à droite rejoignant le torrent qu'il a abandonné un instant ; suivez le rocher qui se dresse à votre droite, et vous apercevrez bientôt le cirque d'Enfer ; en quelques pas, vous êtes arrivés ; sautez à pieds joints dans le cirque formé d'une ceinture de rochers magnifiques de hauteur et d'attitudes.

La première impression du touriste est d'être saisi par l'imposante majesté du lieu et l'humiliant rapprochement de l'impuissance humaine comparée aux œuvres de Dieu ; là aucun mystère de la vie dans la nature à sonder, les yeux transmettent immédiatement à l'âme l'admiration dont ils sont remplis.

---

## Rue d'Enfer.

Au milieu du Cirque, serpente et bouillonne, mugissante, l'eau qui s'échappe irritée de la rue d'Enfer ; approchez-vous du torrent; cherchez sous vos pieds une roche immobile; arc-boutez-vous sur votre bâton ferré et plongez à votre droite un regard curieux dans cette longue et profonde entaille de la montagne qui rappelle à notre esprit la physionomie architecturale de la rue de Nevers, à Paris; vous pourrez alors voir les parois de ces murailles de granit, entre lesquelles glisse rapidement l'eau sans cesse refoulée par la cascade placée à son extrémité, provenant des glaciers de Crabioules.

Le tumulte assourdissant des eaux interdit toute conversation, et la terreur qui en résulte justifie pleinement son nom de *rue d'Enfer*.

Dans le Cirque, toujours à droite du torrent, une grande pierre lisse, en forme de table, semble inviter les touristes à une collation.

Après cela, revenez sur vos pas, jusques au lieu où s'est arrêté votre monture et gravissons le sommet.

Au-delà du chemin tracé, des pentes presque à pic, des rochers moussus, de très-hautes herbes précèdent le lac *Vert* (1960$^{m}$), dominé par une cabane.

En gravissant encore, on atteint la cabane du *Pré long;* plus haut, le *lac Noir* dont le fond est couvert d'une *algue* brune; enfin, après quelques minutes d'une ascension pénible, on arrive à la base de la *Tusse de Maupas.* Je viens de vous conduire sur un glacier, et peut-être avez-vous oublié la définition qu'en donne M. Nérée Boubée. La voici *in extenso.*

« Amas de glace qui se trouve dans les hautes montagnes; il est formé par les neiges perpétuelles qui fondent pendant les journées chaudes de l'été, et qui, se durcissant la nuit, passent à l'état de glace. Les glaciers sont les sources éternelles des grands fleuves qui descendent des hautes chaînes de montagnes. Leur surface inférieure, celle qui touche le sol, est continuellement fondue par l'émission lente et constante de la chaleur terrestre. La fusion qui s'opère à leur surface extérieure, même dans les jours de la plus grande chaleur, est toujours, au contraire, insignifiante pour l'alimentation des fleuves. »

Deux effets remarquables sont produits par les glaciers : des *moraines* ou dépôts de roches, et des pierres polies et striées, — et ces deux choses étant en grand nombre dans les Pyrénées, les géologues en concluent qu'à une époque très-reculée toutes les Pyrénées ont dû être un immense glacier.

M. Nérée Boubée, déjà cité, croit que « le globe a subi un changement notable dans sa position astronomique, ce qui ne veut point dire que son équateur et ses pôles aient été changés; — il n'eût pu en être ainsi sans une dislocation générale de la croûte terrestre; — mais seulement qu'ils se sont trouvés dans une position nouvelle à l'égard du soleil et des autres astres. »

Cette théorie explique la présence de grands pachydermes découverts sous les glaces de la Sibérie, où il devait nécessairement régner une chaleur tropicale.

Il ne faut pas moins de quatre heures de marche pour gravir jusqu'ici depuis les cabanes du Lys.

Depuis quelques instants déjà nous sommes entrés dans la région des glaces, et nous nous refusons à conduire nos lecteurs sur un terrain aussi glissant. Ceux qui voudront se donner le luxe d'une chasse aux izards, trouveront sur les *glaciers de Crabioules* (*) (3104m) et à la *tusse de Maupas* (**) (3110m), de quoi se satisfaire. M. le docteur JEANBERNAT, dont nous nous plaisons à relire les *Causeries scientifiques*, a écrit, en 1863, une intéressante course aux glaciers de Crabioules; nous regrettons vivement de ne pouvoir la reproduire ici.

Le pic *Quairat* (3059m) qui domine le lac d'Oo (2675m) et le pic *Céciré* (2399m), posé en belvédère sur *Super-Bagnères*, sont les seuls qu'on puisse apercevoir. Retournons aux auberges de la vallée du Lys (1101m).

Mais, me direz-vous, cela n'est pas facile Eh bien! afin de vous tirer de ce mauvais pas, je transcris le tracé indiqué par M. Henri RUSSELL-

(*) Crabes. — (**) Mauvais pas.

Killough, dans son remarquable livre : *Les grandes Ascensions des Pyrénées d'une mer à l'autre*, pages 73-74 (*).

La descente que vous allez entreprendre sur la vallée du Lys est assez simple si vous ne sortez pas de la bonne route ; elle réunit tous les dangers si vous êtes sans expérience ou maladroit. Elle est, en outre, fort longue (près de 2,000 m.).

Voici ce qu'il y a de mieux à faire :

Descendant d'abord par de longues et faciles glissades sur des nappes de neige à pentes modérées, vers l'arête de rochers qui sépare comme une île les glaciers de Crabioules de ceux de Maupas, passez à gauche (ouest) de cette arête, à une distance qui dépendra de l'état plus ou moins crevassé des glaciers, et par conséquent de la saison. Encore quelques grandes glissades, et après ce charmant manége, vous vous trouverez ainsi en un quart d'heure avoir descendu de 590 mètres. Sous vos pieds s'ouvre maintenant un premier petit précipice qu'il vous faut contourner ou très à droite ou très à gauche.

Premier bassin.

Second ressaut semi-circulaire bien autrement dangereux que le premier. Il faut ici nécessairement beaucoup dévier de sa route, qui serait le N.-N.-E., et décrire, soit à droite, soit à gauche, un demi-cercle presque horizontal, pour descendre à son centre, presque au pied de ce dangereux escarpement ou cirque, d'où se précipitent d'au

(*) En vente chez Lafont, libraire, allées d'Etigny, 40.

moins 150 mètres, cinq magnifiques cascades (*Clot des Biches*).

D'ici aux cabanes du Lys, la descente est facile pour qui l'a faite plusieurs fois. Deux voies se présentent :

1° Traversant le torrent qui disparaît à gauche en mugissant dans l'étroite et sombre gorge appelée *rue d'Enfer*, prenez le petit sentier qui monte au N.-E.; arrivez à la cabane de Longpré, où vous prenez une direction E.-N.-E., pour aller descendre, sans la moindre difficulté, dans la gorge qui mène au *lac Vert* de l'auberge du Lys, à une heure en amont de celle-ci, c'est la voie la plus facile (2 heures de la Cabane).

A la Cabane, reprenez vos chevaux et redescendez tranquillement au pas.

---

## Cascade du Cœur.

Distance de la Cascade d'Enfer : 500 mèt. — Durée (aller et retour) : 30 min.

Au retour de la Cascade d'Enfer, on aperçoit à droite, posée sur le torrent, une passerelle. Passez-la et suivez le sentier pierreux qui va se perdre dans les hautes sapinières de la montagne.

Après cinq minutes d'ascension, prenez à droite un chemin qui serpente obliquement à l'ombre de chênes touffus et de hauts sapins.

Ce chemin, quoique très-agréable, est traversé par de nombreux filets d'eau, si fréquents dans la vallée du Lys, et que pour cette raison on devrait appeler la vallée des cascades.

A mesure que l'on avance dans la forêt, la casade augmente de volume et prend une forme plus accentuée. La voilà ! Spectacle devant lequel ous les paysagistes s'oublient dans la contemplaion d'une nature aussi belle, d'une végétation ussi luxuriante! Sites enchanteurs où l'on etrouve à la fois le coloris de Watteau, le ton ougueux de Salvator Rosa, la solitude aimable et racieuse dont Lantara fut le représentant.

Entourée de rochers et de sapins clair-semés, la cascade du Cœur est formée des chutes de deux torrents qui se réunissent après avoir contourné une immense roche gazonnée de forme oblongue et simulant un cœur. La chute de gauche est extrêmement belle ; descendant des glaciers *Pique-Nère* (1551$^{m}$), du *Port Vieux* (2500$^{m}$), du *Mal Pintrat* (2556$^{m}$), invisibles du point où l'on se trouve, elle apparaît comme une gerbe d'eau décrivant une parabole et brisant ses eaux contre un îlot derrière lequel s'est formé un bassin qu'on peut aller voir en gravissant la pente gazonnée.

Le trop plein se déverse dans un étroit passage, contourne le rocher et bondit dans un lit pierreux en se livrant aux ébats les plus fantasques, les plus capricieux auxquels puisse atteindre un torrent irrité d'une longue captivité.

Cette chute est l'une des plus belles des Pyrénées. Les lacs étagés au-dessus de la Cascade n'ont pas d'importance et ne serviraient qu'à vous fatiguer. Le principal porte le nom de M. Lambron, inspecteur des eaux de Luchon.

—

## Vallée de l'Hospice.

**Distance (aller et retour) : 20 kilom. — Durée : 6 heures.**

**Prix : Voiture à 2 chevaux, 25 fr.; à 4 chevaux, 30 fr.; chevaux et guides, 5 fr. chacun. — Deux services par jour pour l'Hospice. Prix des places (aller et retour) : 4 fr.**

Choisissez une belle journée; munissez-vous d'un voile vert ou bleu, si les ailes de votre chapeau sont insuffisantes pour vous garantir d'un coup de soleil.

Les botanistes peuvent, en faisant cette course, recueillir une riche moisson de plantes que MM. Filhol et Timbal-Lagrave ont mentionnées dans leur *Excursion scientifique* faite à la suite de la septième session du Congrès pharmaceutique de France, les 19 et 20 août 1863. Ceci étant posé, que chacun se munisse de cette brochure s'il veut se rendre le parcours intéressant et fructueux.

Chemin faisant, signalons, après le poste des douaniers, la *Mentha sylvestris*, le *picris hieraciosides*. La fontaine ferrugineuse montre plusieurs variétés de *Rubus* : *Rubus longipetalus T.* et *M. Filholianus, M.* et *T. Timbal-Lagravi Mull.*, etc., etc.

A côté du premier pont on rencontre la plante officinale : *Valeriana Sambucifolia* (Mikan), et, juste en face, on aperçoit une population de *Mentha molissima* qui semble être l'avant-garde d'une flore plus luxuriante.

A 1 kilomètre du pont la route se bifurque de nouveau devant la grange de M. Castaing.

Le chemin qu'on laisse à droite descend aux ascades des *Demoiselles* (*) et du *Parisien.*

La route monte sensiblement; des hêtres et des apins couvrent les pentes rapides de la forêt; un apis de fraises, placé sur le talus supérieur, s'alonge et vous accompagne jusqu'à l'Hospice, proloquant vos regards et votre fantaisie. Les flancs le la Glère se montrent baignant ses pieds gazonés dans les eaux de la *Pique*, et le voyageur n'est plus qu'à deux kilomètres de l'Hospice, maison solée où l'on peut se faire servir une excellente collation.

Désormais on trouvera dans cet établissement tout ce qu'on peut se procurer à Luchon. C'est vous promettre à l'avance un repas à bon marché. D'ailleurs, pour éviter toute surprise, un tarif, placé à la porte de l'établissement, vous indiquera le prix de tel mets qu'il vous plaira manger, ainsi que des vins de tous les crus, à tous les prix.

---

## Cascade du Parisien. — Cascade des Demoiselles,

Distance de l'Hospice : 950 mètres. Durée (aller et retour) : 1 heure.

Au bas de l'Hospice, à droite, descend un sentier, perpétuellement jonché de feuilles sèches, qui tra-

(*) En suivant ce chemin, on arrive à un petit pont de bois qu'il faut traverser, puis suivre la belle pelouse de Joueou (Jupiter) où un tas de pierres indique un ancien hospice qui existait lorsque le port de la Glère, qu'on voit en face, était fréquenté. Après avoir traversé la prairie, et en remontant le torrent, on arrive par un sentier facile jusque sous une grotte ténébreuse, au fond de laquelle tombe une cascade entre des rochers perpendiculaires couverts d'une végétation luxuriante.

verse un petit pont de bois et se continue dans une prairie au milieu des hêtres de la forêt de Sajuste; puis il descend assez brusquement à travers des roches moussues.

Il faut passer un torrent presque toujours à sec au mois d'août. On remonte sur le flanc opposé de la montagne, encore une descente qui mène au torrent de la cascade. Quelques pas de plus, et l'on se trouve sur un chemin à deux issues.

Celui de droite, sur un plan horizontal, puis très-incliné, conduit à la *Cascade des Demoiselles.*

Celui de gauche monte rapidement jusqu'au pied de la *Cascade du Parisien.*

Environnée de hêtres et de sapins, l'eau s'échappe d'une gorge fort resserrée et laisse tomber ses nappes écumantes en cinq étages successifs et bouillonne au milieu de roches, débris d'avalanches, avant de s'engouffrer dans le torrent qui, joint aux eaux de la Cascade des Demoiselles, va grossir le gave de la Pique au prat de Joueou.

On revient à l'Hospice par le même chemin.

---

## Port de Vénasque.

**Retour par le port de la Picade.**

**Distance (aller et retour) : 39 kilom. Durée : 11 heures.**

**Chevaux et Guides : 8 fr. chacun.**

Pour aller au port de Vénasque, depuis l'auberge ou l'Hospice (1101m) il faut trois heures d'une marche pénible ou deux heures et demie à cheval. Le sommet visible du point où nous sommes n'est que le tiers de la distance à parcourir.

Traversez le torrent du *Pesson* dont le lit, à peu près desséché, se trouve à vos pieds ; engagez-vous dans l'un des divers sentiers de mulet que vous apercevrez sur une pente gazonnée. Ces chemins se relient à un seul qui mène directement au port de Vénasque. Sur le chemin central s'étalent trois variétés bien distinctes du genre *Euphrasia*.

La montagne vue de la base forme une écharpe dont le fond va s'élargissant ; de tous côtés, des murailles de pierre se dressent imposantes et sombres. Le sentier, qu'on améliore chaque année, est très-praticable sur le flanc droit de la montagne. Mais un peu plus loin, à mesure que vous gravissez, et je vous conseille de rester à cheval, le chemin devient rocailleux.

Deux chutes d'eau s'argentent dans le fond du paysage et semblent s'iriser aux rayons du soleil ; on passe deux fois le torrent ; le sol est jonché de pierres. Tout est désert. Ce lieu appelé le *Rail du culet*, semble être le tombeau de l'humanité. Enfin, vous atteignez le sommet présumé avant de commencer l'ascension. Un peu de verdure émaillée de fleurs, de magnifiques rhododendrons, donnent un peu du courage qui manque souvent aux touristes qui font ce chemin à pied. Les *Saxifrages*, qui font l'admiration des amateurs de plantes délicates, forment la base de la haute région alpine. Il reste à faire six à sept quarts d'heure de marche avant d'atteindre le port.

Au-dessus, le sentier entre dans une espèce de vallon ; aux deux tiers du chemin, on passe devant une colonne de pierres superposées, formant grossièrement une croix et que les habitants ont surnommé l'*Homme* (*). Ici se montrent en abondance des mousses, des fougères et des lichens. Plus loin, à gauche, on voit le *trou des Chaudronniers*, où neuf ouvriers de cette profession furent engloutis sous la neige; deux kilomètres plus loin, le chemin domine cinq lacs se déversant l'un dans l'autre et dont le plus grand, le lac *Bleu*, est placé au-dessous du port. L'encaissement où il se trouve est toujours tapissé de neige, que le soleil de juillet est impuissant à faire fondre.

Le touriste qui fait cette excursion pour la première fois, voyant un horizon borné de rocs et de pics inaccessibles, se demande par quel point il franchira le port.

Le chemin, à quelques pas, devient invisible; le cheval harassé, a besoin de quelques stimulants énergiques. Des aspects variés, une nature plus sauvage, une ascension presque à pic, annoncent enfin que l'on touche au port de Vénasque, qui peut être considéré comme étant une des portes de communication entre la France et l'Espagne.

Ce port ou passage est une échancrure faite dans le roc par la nature et un peu par l'homme; le mur de gauche est le *Pic de la Mine* (2707m); celui de droite, dans lequel on a scellé une croix de fer, se nomme le *Pic de Sauvegarde* (2736m); qui est très-accessible en 45 minutes. La vue y est très-étendue du côté de Vénasque.

(*) En mémoire d'un douanier français, assassiné par un contrebandier, son rival. M. Castillon, dans son *Histoire de Luchon*, a raconté les touchantes péripéties de ce drame vénasquais.

Un touchant épisode se rattache au pic de Sauvegarde; nous en empruntons le récit à M. le docteur Desbarreaux :

« En 1792, un proscrit et une religieuse vivaient à Luchon, loin de la tourmente révolutionnaire. M. Saccarère les tenait au courant des moindres bruits qui venaient du dehors.

« Un soir, la cloche du château fut violemment agitée, et M. Rey, maire de Luchon, vint annoncer à M. Saccarère que les agents révolutionnaires, soupçonnant que deux proscrits séjournaient au château, devaient venir faire des perquisitions. Les émigrés furent éveillés et l'on confia à deux domestiques le soin de les guider. La nuit était obscure; un vent glacial fouettait le visage des fugitifs.

« Après quelques heures d'une marche forcée, ils arrivèrent à l'*Hospice*.

« La religieuse, épuisée de fatigue, voulait rester là. Les guides s'y opposèrent, et au milieu de difficultés sans nombre, des souffrances les plus cruelles, ils parvinrent au port de Vénasque La force humaine a un terme. Celles de la jeune fille étant épuisées, elle s'écria : « Mon Dieu ! je me sens mourir. » Les prières de l'émigré, les supplications des domestiques ne purent ranimer son courage. On essaya de la porter; mais la crainte d'être atteints par les révolutionnaires, les périls du voyage les firent hésiter. Les domestiques l'abandonnèrent, en engageant l'émigré à se sauver. — Il le fallait. Mais avant de partir il se rapproche d'elle et lui dit : « Dieu veuille, ma sœur, vous soustraire à la brutalité des soldats. »

« La religieuse, mue par un sentiment de crainte pudique, se soulève, fait des efforts inouïs, et parvient à gravir le pic au bas duquel elle était adossée. On ne la revit plus, et ce fait allait s'oublier, lorsqu'en 1849 M. Lézat, en découvrant son chapelet, est venu indiquer la place où mourut cette sainte femme. »

Devant vous se dresse, lourd et majestueux, le groupe des monts Maudits que les Espagnols, dans leur langue énergique, ont nommé *Maladetta* (3312m).

La vaste étendue de cette montagne n'en laisse pas d'abord apprécier l'élévation. Les régions inférieures sont occupées par des pins gigantesques que les avalanches ravagent périodiquement.

Au-dessous du port s'étend un vaste plateau herbeux. Au milieu jaillit une source, à côté de laquelle les touristes font souvent collation. C'est là que je vous engage à descendre si vous voulez éviter les ardeurs d'un soleil tropical. Non loin se trouve une cabane espagnole où l'on vend des cigares.

Du lieu où vous vous trouvez, suivez les humides pâturages qui s'étendent à gauche, au-devant du port de la Picade : vous êtes dans le val de l'*Essera*. Pendant un kilomètre, un sol bosselé vous élève insensiblement jusqu'au *port de la Picade* (2424m) qui sépare la *Catalogne* de l'*Aragon*. Le versant septentrional du Néthou (3404m) se montre en entier; les pics de *Fourcanade* (2882m), de *las Moulieras*, de *Malibierne* sont près de vous, la crête déprimée et blanche comme la tête d'un président à mortier des anciens parlements. Un sentier d'abord assez doux s'engage dans ce passage difficile tracé sur des roches glissantes et qu'on appelle la *Scalette* (2454 m) (petite échelle), situé à 1 kil. du port de la Picade et d'où l'on n'a plus qu'à descendre. Après 20 minutes de marche, le chemin se bifurque : l'un à droite, descend directement vers Artigues-Delin; l'autre, à gauche, est celui que nous devons parcourir. Le chemin est difficile, la pente extrême, le sol rocailleux. Mais bientôt on atteint de vastes pâturages terminés, à droite, par le *Pic de l'Entécade* (2220m). Ici, la pente du sentier est plus rapide encore; il serait imprudent de rester à cheval à l'endroit appelé : *Pas de Ribessette*.

On passe auprès de quelques sources limpides, et l'on arrive à une descente assez douce, à 1 kilomètre au-dessus de l'Hospice; là il vous sera facile de trouver l'unique chemin qui conduit à Luchon.

---

## Lac d'Oo ou de Séculejo.

**Distance, aller et retour, 34 kil. — Durée de la course, 8 h.**

**Prix : Voiture à 4 chevaux, 30 fr. ; à 2 chevaux, 25 fr., jusqu'aux granges d'Astos ; chevaux et guides, 6 fr. chacun.**

Il est indispensable de quitter Luchon vers cinq heures du matin, de passer la journée au bord du lac, et de rentrer le soir. Sans cette précaution, on serait infailliblement brûlé par le soleil et la promenade perdrait tout son charme.

Trajet. — Thermes, allée d'Etigny, passez devant la place du Marché, rue de la Commune; traversez le Champ-de-Mars, et enfoncez-vous dans l'allée des Soupirs, à l'extrémité de laquelle commence la route départementale de Toulouse à Bigorre. Au premier tournant de la route, après le pont des Soupirs, vous arrivez sur le plateau de la *Saunère* où autrefois les *baillis* tenaient leur lit de justice; en suivant toujours la grande route, on voit se développer la vallée du Larboust. On passe successivement deux ponts, et l'on voit à droite, sur la montagne, la tour carrée nommée *Castelblancat* (1481$^{m}$); encore quelques kilomètres et l'on atteint la chapelle de Saint-Aventin, construite sur le lieu même de la sépulture. Traversez sans vous y arrêter le petit village de Saint-Aventin (900$^{m}$, 73 hab.) En arrivant à Cazeaux (590$^{m}$, 273 hab.), suivez la grande route, arrivez au village, et visitez avec attention les peintures murales de l'église, très-remarquables et empreintes d'une naïveté digne des premiers siècles. Par un excès de zèle religieux, le curé de Cazeaux a fait disparaître sous un grossier badigeon une partie des fresques de son église, — la seule chose qui aurait pu contribuer à la fortune de la paroisse. Retournez sur vos pas jusqu'à la bifurcation de la route nationale avec le chemin d'Oo. Détournez-vous à gauche, passez devant un abreuvoir placé sous une croisée gothique, descendez la rue à pente rapide et toujours fangeuse, inclinez à droite près d'une statue de sainte Anne, et au bout du chemin se trouve le village d'Oo (734$^{m}$).

Avant d'arriver à Oo votre esprit a dû s'occuper

de cette grande dispersion de blocs énormes qui couvrent la vallée jusqu'à la partie la plus élevée des montagnes qui la bordent. Quels sont ces blocs? d'où viennent-ils? quelle est la cause et l'époque de leur dispersion?

De toutes les opinions soulevées par ces problèmes, nous nous arrêterons à celle de M. Boubée qui nous a semblé la plus vraisemblable.

Pour la plupart ces blocs sont formés de granit *porphyroïde*; d'autres sont composés de *gneiss* que l'on reconnaît à ce que le mica est disposé comme par couches, toutes dirigées dans le même sens. Quelquefois les couches de *mica* et celles de *feldspath* et *quartz* qui sont au milieu d'elles sont comme pliées dans diverses directions, c'est alors du *gneiss ondulé.*

On remarque aussi quelques blocs formés d'une roche compacte de couleur *gris-verdâtre* toute parsemée de *feldspath* et de quelques paillettes de *mica.* C'est là une variété d'*Eurite* qui forme souvent des couches ou des masses subordonnées dans les terrains primitifs.

Ces diverses roches constituent, en grande partie, ce massif de hautes montagnes qui s'étendent depuis le pic *Quairat* (3059$^{m}$) jusqu'au-delà du port de *Clarabide.*

Ces blocs errants nous attestent le passage d'une masse d'eau bien puissante, et nous prouvent que la vallée n'a été creusée qu'après leur dispersion. Ils furent les témoins du cataclysme destructeur sans en être les victimes,

A l'extrémité du village, sur une place caillouteuse, est placée une croix de pierre; à quelques pas, à gauche, passez le pont, observez, devant vous, le glacier aérien du *Seit de la Vache* (3060m); longez le torrent, et vous arriverez, en 45 minutes, au plan d'Asto, au pied de la montagne d'Oo (3114m).

Le vallon dans lequel on chemine est profondément encaissé. Des cerisiers et des frênes ombragent la partie de cette vallée, voisine du village; de belles prairies descendent de la base inclinée des montagnes jusqu'au bord du torrent; et, sur la croupe de ces montagnes, de beaux pâturages sont peuplés, l'été, d'un nombreux bétail. Le torrent s'élargit à mesure qu'on le remonte, et au plan d'Astos, il n'est plus qu'un ruisseau roulant, sans ordre, ses eaux libres et vagabondes.

D'un côté du val d'Astos se trouve la gracieuse vallée d'Esquierry surnommée le *jardin des Pyrénées*, à cause des fleurs nombreuses qui y croissent. De l'autre côté du val d'Astos se trouve la vallée de Médassoles où le botaniste va cueillir avec joie, mais non sans fatigue, l'*aster pyrenaicum*.

La route de Luchon au lac d'Oo cesse d'être carrossable aux trois ou quatre granges perdues au fond du vallon sur une pente gazonnée. Vous trouverez ici des chevaux pour continuer votre route, ainsi que du lait et quelques provisions. Près de ces misérables cabanes, on voit une petite statue placée dans une niche, et érigée en l'honneur de saint Aventin, pâtre de la commune d'Oo.

La légende raconte qu'un jour, gardant son troupeau dans ce lieu, il vit un ours venir à lui.

Le serviteur de Dieu ne s'effraya point. L'animal s'avança vers Aventin, et lui donna sa patte toute saignante et transpercée d'une grosse épine. A l'exemple de l'esclave romain, le jeune homme ôta l'épine, et ce fut au milieu d'un saisissement général que l'ours s'éloigna de ces lieux pour ne plus y reparaître jamais.

La commune d'Oo (363 hab.) a chargé un cantonnier d'entretenir le sentier qui relie le val d'Astos au lac d'Oo, et de le déblayer d'un amas de pierres dont il est encombré.

Le chemin qui conduit au lac est unique et entoure de ses nombreux lacets les flancs de la montagne. A gauche se montre une cascade du nom de *Magdeleine*, à cause de la similitude de ses jets filandreux avec la chevelure désordonnée de l'illustre pécheresse. D'énormes blocs de pierre bordent le chemin; les eaux du lac, formées en petites cataractes, se font entendre, et les glaciers du port d'Oo (3004$^{m}$) resplendissent dans le fond du tableau. A gauche, le pic *Quaïrat* (3059$^{m}$) domine le paysage, tandis que le pic de *Montarqué* (2933$^{m}$) se perd derrière les glaciers du *Portillon* (3220$^{m}$) dont la fonte forme les quatre lacs supérieurs au-dessous desquels repose le *lac d'Espingo* (1875$^{m}$) alimentant de ses eaux la cascade du lac.

Après une heure d'ascension, on domine la vallée; puis on tourne en descendant le rocher à gauche.

On traverse un petit pont, on gravit le rocher par un sentier facile, et l'on arrive au châlet posé sur les bords du lac. Votre cheval est conduit à l'écurie, et vous êtes libre de traverser le bassin sur un bateau.

TRAVERSÉE DU LAC

| | | |
|---|---|---|
| Pour 1 personne seule, traversée directe. . | 1 fr. 25 c. | |
| Pour 1 personne seule, traversée circulaire. | 1 50 | |
| Pour 2 personnes, traversée directe. . . . . . | 1 f. 75, | circul., 2 f. |
| Pour 3 personnes, traversée directe. . . . . | 2 25, | circul., 3 |
| Pour 4 pers. et au-dessus, trav. dir., chacune, | 0 60, | circul., 1 |

La forme du lac est elliptique : sa superficie est de 39 hectares, et le fond présente une surface à peu près horizontale unie et formée par un sédiment limoneux, comme celle de tous les lacs dont on connaît le fond. Sa plus grande profondeur, au centre, est de 69 mètres. La hauteur de la cascade est de 264 mètres, et il ne faut pas moins de trente-cinq minutes pour aller du châlet à la cascade.

Aussitôt que vous aurez touché terre, couvrez bien vos épaules s'il vous prend fantaisie de vous mutiler les pieds sur les rochers écroulés que l'eau de la cascade traverse en bouillonnant. Vous pouvez abuser de la bonté du batelier, en pêchant quelques truites saumonées qui se trouvent au bord du lac en quantité prodigieuse.

Disons aussi que le *pour-boire* devra être proportionné à son obligeance. car il n'a pour traitement que les largesses des passagers.

Au retour, le regard familiarisé se repose sur tout ce qui l'environne. Le lac, aux eaux changeantes, se montre bleu, blanc, vert, suivant le temps et l'heure où on le voit. Encadré par de sombres montagnes, dominé par des glaciers, il offre un des gracieux points de vue si fréquents dans les Pyrénées centrales, si rares dans les autres contrées.

Au-dessus de la cascade s'échelonnent plusieurs lacs. Les plus rapprochés sont les lacs d'*Espingo* (1875m) et de *Saounsat* (1950m).

Après avoir passé le petit pont d'arrivée et tourné à droite pour revenir aux rives de l'eau, un chemin nouvellement tracé élève le touriste jusqu'au-dessus du lac d'Oo. Il faut gravir une petite gorge d'où, pendant les fortes pluies, se précipitent des torrents de pierres, et l'on se trouve bientôt sur une éminence de pins rabougris. Ici l'on voit deux lacs : le premier, *Espingo*, est la source immédiate de la grande cascade de Séculéjo; le second, *Saounsat*, est plus petit et placé au pied des rochers de l'*Espingo*.

Rien n'est plus triste que le lieu où l'on se trouve. Quelques pins noueux, une herbe courte, des quartiers de granit couverts de mousse, des rochers escarpés, voilà le tableau dominé au fond par l'*Espingo*, partagé en trois pics absolument nus et d'une grande hauteur. La température est ici très-froide.

Le lac d'*Espingo* est poissonneux comme le lac d'Oo.

Le lac *Saounsat*, plus à l'abri du soleil et un peu plus élevé, étant exposé à un froid plus sévère, le poisson n'y peut vivre.

Si vous désirez atteindre au *Portillon*, qu'on nomme aussi le *Spijole* (3220m), hanté par des izards, traversez un petit pont construit sur le torrent qui reçoit le lac d'*Espingo* et qui descend du port de *Clarabide* (2877$^m$), vous arriverez à une bifurcation de la vallée. En se dirigeant vers le sommet de l'*Espingo* on voit de distance en distance des piles de pierres élevées sur des roches qui ont dû servir de *reconnaissance* à quelques contrebandiers. L'ascension est pénible et les mains et les crampons agissent souvent autant que les pieds. Une mine de plomb abandonnée est située au sommet du passage. Méfiez-vous d'un toit de gazon, d'un mur de roches, tout couvert de touffes assez épaisses d'une herbe sèche et d'une inclinaison si considérable, que si les crampons ne sont pas bien assujettis on peut aisément s'y rompre le cou.

Ici les neiges sont permanentes ; on domine un lac complétement glacé qui s'étend vers les montagnes du port de *Clarabide*. C'est le plus beau désert qui se trouve dans les Pyrénées. On donne à ce lieu le nom de *Seth de la Baque* (3060$^m$).

Le *Portillon d'Oo* (3220$^m$) laisse voir sa sombre échancrure ; foulez aux pieds le glacier déjà cité, horriblement crevassé vers sa base, mais à peine dans sa partie supérieure et à pentes très-douces.

Du point où vous êtes il vous serait facile de gravir en quarante-cinq minutes le pic de *Montarqué*, mais je ne vous le conseille pas.

Si du *Portillon d'Oo* vous voulez aller au *port d'Oo*, la chose est possible si vous êtes *deux* (attachez-vous mutuellement comme font les guides pour passer le *pont de Mahomet* à la Maladetta); suivez la rive occidentale du lac pour vaincre le glacier dont l'énorme convexité rend les pentes supérieures fort douces. Vers le port d'*Oo* évitez les crevasses du glacier.

A 300 mètres au-dessous du *Lac glacé* (2675m) vous arriverez en montant un peu au port d'*Oo* (3042m).

On ne peut admirer dans ce lieu que la masse lourde et éblouissante des *Posets* (3397m) dont j'ignore l'étymologie.

Partons, car vous devez être transi; traversez le vaste champ de *Nérée* qui tapisse le flanc nord du port; descendez toujours en évitant d'aller trop à droite; à peine sorti des neiges, vous trouverez un sentier de mulet qui vous conduira au lac d'*Espingo*, et de là vous reconnaîtrez avec joie le chemin qui ramène à la cabane du fermier du lac.

BOTANIQUE. — *Saxifraga autumnalis*, *hab.* entre le village d'Oo et le pied de la montagne du lac.

*Cochlearia officinalis*, *hab.* auprès des sources les plus froides.

*Aconitum napellus.*

*Neomontanum.*

*Ramondia Pyrenaica.*

*Rhododendron ferrugineum*, *hab.* en montant au lac.

*Papaver Cambricum*, *hab.* dans les lieux où les arbres sont le plus rapprochés et où la montagne offre les pentes les plus rapides.

*Crocus nudiflorus* (safran d'automne), *hab.* autour du *lac de Séculéjo* (1500m).

| | |
|---|---|
| *Viola Cornula* . . . . . . . | *Hab.* autour du lac. |
| *Gentiana campestris*. . . . | |
| *Campanula lanceolata* . . . | |
| *Parnassia palestris*. . . . . | |
| *Silene acaulis*. . . . . . . . | |
| *Pupa fragilis*. . . . . . . . | |

ZOOLOGIE. — *Helix nemoralis* (le limaçon) à fond jaune à bandes brunes.

*Ancyla fluviatilis* (petite coquille semblable au bonnet phrygien), *hab.* sur les cailloux au fond de l'eau.

Une autre variété que M. Boubée a nommée *Rupicola, hab.* au pied des cascades, dans les torrents, sur les roches entièrement hors de l'eau.

*Linnea ovalis, hab.* près du pont de bois, avant d'arriver au lac.

*Helix incarnata, hab.* aux environs du lac.

*Pupa fragilis, hab.* sous les paquets de mousse et de gazon qui couvrent les pierres.

*Helix Carascalensis, hab.* au pied de la cascade et au lac d'Espingo, dans le voisinage des glaciers, au-dessus de la région des rhododendrons.

*Lacerta salamandra*, de Linné, qui ressemble à un lézard.

Les grosses *truites* qui peuplent le lac de *Séculéjo* et celles beaucoup plus estimées encore que l'on pêche dans le lac d'*Espingo*.

Si rien n'est susceptible de vous retenir plus d'une journée sur les bords enchanteurs de *Séculéjo*, rentrez à Luchon par les villages d'Oo, Cazeaux, Saint-Aventin, ponts de Trébons et Luchon.

## Grotte du Chat et pic de Poujastou

**Distance (aller et retour) : 13 kil. — Durée : 6 h. et demie.**

**Prix (guides et chevaux) : 6 fr.**

Trajet. — Thermes, allées d'Etigny, allée de Piqué jusqu'au village de Montauban. Appuyez à gauche, passez le torrent et pénétrez dans un sentier pierreux dont les bords sont longés par des margelles de pierre. Montez toujours et appuyez à gauche à chaque tournant du chemin.

Des buissons de bouleaux, des bouquets de fougères sont les premiers signes indicateurs. Plus loin, les hêtres se dressent comme s'ils voulaient préserver le chemin des ardeurs du soleil. Enfin, près d'arriver aux prairies d'Erran, les sapins, d'un air protecteur, abaissent sur le chemin de longs bras armés de feuilles aiguës.

Traversez, dans toute sa largeur, la prairie qui se déroule sous vos pas. Pénétrez dans la forêt de *Sesartigues*, tournez à droite, et deux pas plus loin suivez un sentier perpétuellement jonché de copeaux Les vieux sapins qui le bordent sont plusieurs fois séculaires, et portent à leurs rameaux de grands lichens gris qui, par leur grande ressemblance avec la barbe d'un vieillard, leur donnent un aspect vénérable. Au bout du chemin est une cabane en planches qui sert d'habitation au fermier de la Grotte du Chat.

Histoire. — Le 28 août 1860, deux chasseurs de Luchon poursuivaient un chat-tigre, dont l'espèce devient de plus en plus rare dans ces contrées.

L'animal, poursuivi de très-près par les chiens, faisait des bonds à faire pâlir l'acrobate Blondin.

Enfin, engagé dans un petit sentier, le chat disparut dans un trou. Les chiens, honteux de leur défaite, fouillèrent, élargirent l'entrée du terrier et s'y enfoncèrent.

Comme ils ne revenaient pas, les chasseurs, voulant les retrouver, creusèrent autour du trou et l'un d'eux s'y introduisit.

Tout à coup, il appelle son ami, et tous les deux armés d'une torche s'arrêtent surpris du spectacle qui frappe leurs regards.

De nombreuses stalactites pressées ensemble et formant de capricieuses grappes de raisins, des stalagmites unissant le sol à la voûte, des autels votifs et une foule d'autres choses se montraient, révélant une mine inconnue et dont l'exploitation devait leur produire de beaux bénéfices.

Des échantillons furent descendus à Luchon. On se les disputait. Ce fut un événement.

L'administration, éveillée par les récits qui circulaient, ordonna la clôture de la grotte, et M. Bourdette en acheta le fermage par voie d'adjudication.

Prix d'entrée : 1 fr., et 75 c. pour l'avoine donnée au cheval.

Au retour de la grotte, avant de quitter ces lieux, buvez quelques verres de l'eau ferrugineuse qui coule à vos pieds, et que M. Lambron appelle *fontaine rouge,* à cause du sesquioxyde de fer que ses eaux déposent en abondance. Les effets thérapeutiques de cette boisson, prise pendant quelques jours, tiennent du prodige.

Il faut revenir à l'entrée de la forêt. Là, le sentier tourne à droite, monte sur la rive du bois, gagne les crêtes herbeuses de *Cric*, suit à mi-côte jusqu'au *col de Courets* (2131$^{m}$), où on abandonne les chevaux; puis on monte à pied, pendant trois quarts d'heure, sur des gazons glissants, au sommet de *Poujastou* (1930$^{m}$).

Si vous voulez rentrer à cheval, et nous vous le conseillons, il faut reprendre par la même voie le chemin de Luchon.

Dans le cas contraire, vous descendriez à pied, par une pente assez rapide, le chemin traversant le ruisseau qui descend des hauteurs de Poujastou; puis tournant brusquement à gauche, vous descendriez vers *Juzet*, d'où il vous sera facile de rentrer à Luchon.

---

## Ascension à Bocanera (2194$^{m}$)

### et à Pales de Burat (2158$^{m}$)

Distance, aller et retour : 36 kil. — Durée de la course : 9 heures.

Prix (chevaux et guides) : 8 fr. chacun.

Trajet. — Thermes, allées d'Etigny, allée de Piqué jusqu'au village de Montauban, suivre la route à gauche, et arriver au village de Juzet.

Le spectateur qui examine la cascade de Juzet, voit dans les anfractuosités, à gauche, un chemin qui s'élève insensiblement en lacets bien tracés.

Après vingt minutes d'ascension, on chemine sur les bords d'un ravin très-profond. On arrive à *Sode* (914$^{m}$, 130 hab.). Un ruisseau coule à l'entrée de ce petit village, échelonné sur une pente de gazon. Il faut passer près de l'église et gravir devant soi le chemin d'Artigues, à travers une petite forêt. Après bien des circuits, on arrive dans un sentier, courant sous un dôme de feuillage, et l'on chemine sur un terrain plat jusqu'aux roches arides où semble perché le village d'Artigues (1241m, 187 hab.).

De l'embranchement du petit sentier boisé au chemin horizontal et en corniche d'Artigues, il faut retourner à droite et suivre ce chemin jusqu'à ce qu'on se retrouve sur le vallon d'où dérivent les eaux de Juzet. S'arrêter alors, et, considérant les pentes douces de bruyères, à gauche, on doit les monter en zigzags jusqu'aux premiers sapins qui s'offriront à vous ; inclinez ensuite sur la droite en montant la croupe pour gagner le fond du vallon d'où sort une source ferrugineuse et où gît la dernière cabane des pâtres. Passez devant l'abreuvoir des bestiaux, suivez le sentier qui mène au sommet de cette pente à gauche, puis à droite, et toujours sur la croupe, longeant à droite l'aride rocher de Cigalère qui, vu d'en bas, semble en être la cime, gravissez toujours vers le sommet présumable, puis, quand vous trouverez une mare où s'abreuvent les bestiaux, regardez le point culminant vers la gauche : c'est le sommet.

Alors, suivez ces pentes en vous élevant graduellement, à gauche, sur les sentiers tracés par les vaches ; passez encore à côté d'une mare, à droite, au niveau du col que ces sommets forment avec le versant d'Aran ; gravissez enfin insensiblement devant vous jusqu'à l'extrême cime, que vous avez devant les yeux. Un amoncellement de pierres signale le but.

On domine de là tous les points d'excursion: les vallées du Lys et de l'Hospice, de Burbe et d'Aran, les ports de la Picade (2424m), de Vénasque (2417m), de Glère (2323m), la tusse de Maupas (3101m), d'Oo (3114m), les vallées d'Oueil, de Larboust, Super-Bagnères (1797m), et Montné (2147m), Luchon et tous ses sommets; la Maladetta (3312m), avec ses déclinaisons brusques vers l'Aragon et la Catalogne; le pic Quairat (3059m) en forme d'obélisque, le pic du Midi de Bigorre (2877m), le rocher de Saint-Bertrand (898m), puis la plaine jusqu'à Toulouse.

De ce pic, le chemin descend sur le bord d'un petit lac, pour remonter, en trente minutes, sur *Pales de Burat* (2158m) où l'on a élevé une modeste cabane afin d'offrir quelques rafraîchissements aux étrangers.

Si, pour ne pas refaire le même trajet pour rentrer à Luchon, on veut visiter le val de Gouaux, il faut prendre le sentier qui descend sur la rive droite du ruisseau, passer à la petite cabane, traverser une forêt de vieux sapins, puis gagner, par un versant très-rapide, les granges de Teiche et le village de Gouaux-de-Luchon (271 hab.).

De ce point le chemin, plus large, va rejoindre la route de Montréjeau, à 6 kilom. et demi en aval de Luchon.

—

## Ascension à Super-Bagnères.

Distance par Saint-Aventin (aller et retour) : 13 kil. — Durée de la course : 6 h.
Prix (guides et chevaux) : 6 fr. chacun.

On peut s'élever au sommet en trois heures, à pied, par la promenade du bois des bains, en continuant à gravir au-dessus de la Fontaine d'Amour.

A ce chemin direct, mais rapide, on préfère le chemin de Saint-Aventin, plus praticable.

On sort de Bagnères par l'*Allée des Soupirs* jusqu'au pont de Mousquérès, qu'on laisse à droite. On s'engage dans le petit chemin qui se présente devant soi ; quelques pas avant d'arriver à un petit pont, on s'élève à gauche, à travers les prairies, par un petit sentier en zigzag bordé de noisetiers. En vingt-cinq minutes, on arrive aux premières granges de Gouron, où se croisent divers sentiers.

Prenez le premier sentier à droite, sur la même prairie. Entrez dans un chemin creux qui atteint directement, en vingt minutes, le hameau de *Gouron*.

Passez le pont d'arrivée ; montez aux maisons et repassez un peu au-dessus, à gauche, un autre pont sur le même ruisseau. Lorsque le chemin se bifurque, prenez à gauche, et suivez bien attentivement les lacets à travers les sapins. Restez longtemps sur la même croupe en vue du ravin ; à droite, la même route mène au sommet. Lorsque le sentier semblera vous conduire dans le ravin, après un quart d'heure environ, continuez à monter à gauche. Vous irez alors vers le côté de Luchon. Suivez le chemin le plus rapide, et vous arriverez de *Gouron* aux *pâturages* (1041m) de Super-Bagnères en quarante-cinq minutes.

En sortant des forêts de sapins, l'on découvre un des plus beaux panoramas des environs de Luchon.

A vos pieds est la petite ville, au fond de son vallon si vert, avec ses murailles blanches et ses toits d'ardoise si brillants; puis les cascades de Montauban et de Juzet scintillant au soleil comme deux plumes de paon; les villages de Moustajon (690m) et Antignac (600m) entre lesquels la route semble étranglée; les tours de Guran, quadrillées de rouge et de gris; le château de Barbazan (450m) posé sur les bords du lac, en face de Saint-Bertrand, la vieille ville.

Du côté opposé, le lac d'Oo, la vallée du Lys, le port de Vénasque, les marbrières de Saint-Béat, tous ces sublimes tableaux, ces grands aspects, ces sites pittoresques qui sont autant de défis jetés à l'art par la nature.

Enfin, à droite du *Céciré* (2399m), cime vraie de Super-Bagnères (1797m) et dont les *pâturages* ne forment que la terrasse, on n'a plus qu'à suivre à l'O.-S.-O. d'abord sur les pelouses, puis sur des rochers de plus en plus difficiles, la longue crête qui joint ces deux montagnes.

Le pic de *Céciré* est plus élevé de 600 mètres. Pour y parvenir, il faut être accompagné d'un *guide*. La vue qu'on embrasse de *Céciré* est la même que celle de Super-Bagnères, un peu plus étendue.

Le retour de Super-Bagnères peut se faire par plusieurs directions. Une des plus suivies est celle qui descend la pente septentrionale par les granges de Tesponne jusques vers le milieu de la vallée du Lys, vis-à-vis la cascade Richard. Dans la vallée, on suit l'unique chemin qui se relie à Luchon.

---

## Pic du Montné (2147m).

Distance (aller et retour) : 39 kil. — Durée de la course : 8 h.

Prix (chevaux et guides) pendant le jour : 7 fr. — Pendant la nuit : 10 francs.

On peut arriver à cheval jusqu'au sommet du pic. Cette course n'a pour but que de voir le beau spectacle du lever du soleil, en dehors de la chaîne, dans la direction de Narbonne. Cette excursion doit alors être faite de juin à la fin d'août.

Le chemin à prendre est celui du lac d'Oo. Quand vous serez à la chapelle de Saint-Aventin un poteau, indiquant les distances de Luchon, Saint-Aventin et Saint-Paul, est placé à l'angle de la route avec le chemin dans lequel vous devez vous engager.

Le premier village qu'on rencontre se nomme Benqué-dessous.

Sur la petite place on remarque un *ormeau* qui mesure 6 mètres 35 cent. de circonférence. C'est à l'ombre de ses rameaux nombreux que se rendait la justice au XIIe siècle ; et nous sommes de l'avis de l'abbé Crosnier, qui pensait qu'en proclamant ces *actes* à la face du ciel et de la terre, on voulait *peut-être* les rendre plus solennels; un quart d'heure après se montrent d'énormes blocs de pierre attestant la présence d'anciens glaciers.

Continuez à gravir le chemin qui s'élève vers le couchant, et en quelques minutes vous atteindrez le village de *Benqué-dessus* (211 hab.).

L'église de ce village est d'un style gracieux; les peintures dont elle est ornée semblent avoir été faites sous le règne de Charles VII.

Le sentier continue au milieu des prairies et traverse *Maylin*. Suivez l'étroit sentier qui côtoie la même rive et qui va traverser le ruisseau à *Cirés* (350$^{m}$) au pied d'un pic de 771 mètres et qui passe à Bourg-d'Oueil (1855$^{m}$), village jadis prospère et chef-lieu de la vallée. D'ici, au lieu de continuer au *nord-ouest* vers le port de Pierrefitte, on monte un peu à droite par des pentes très-escarpées, puis sur des pelouses on atteint une chétive cabane de pasteurs, et l'on gagne le sommet. La vue dont on jouit embrasse tout ce qui est *pyrénéen*.

. . . . . . . . . . . . . . . . . . . . . .

« Arrivé avant l'aube, dit M. Stéphen Liégeard, j'entrevois peu à peu le cercle des monts s'estomper dans l'obscurité vaincue. Un trait de pourpre raye l'horizon, pâle d'abord, bientôt tout en feu. Et tandis que des libellules bourdonnent à nos oreilles, ou qu'une caille des montagnes salue l'aurore de son cri joyeux, le roi du jour s'élève rapidement derrière un rocher noirâtre. »

Le retour peut s'effectuer ainsi : descendez au midi pour passer le col de *Sahiestre* (2016m), d'où l'on descend le val de *Sahouledo* ; on atteint le hameau de *Jurvielle* (1250m), d'où il est facile de rentrer à Luchon.

---

## Pic de l'Entécade (2220m).

**Distance (aller et retour) : 35 kil. — Durée de la course : 8 heures.**

**Prix (guides et chevaux) : 6 fr. chacun.**

Le voyageur qui désire faire cette ascension doit suivre la route d'Espagne et la continuer jusqu'à l'hospice de Luchon, placé au pied de Vénasque, (Promenade à l'Hospice.)

Le touriste placé sur le seuil de l'hôtellerie, doit suivre le sentier qui longe l'enclos formé de pierres et s'élevant par une pente douce dans la gorge du *Pesson*, dominé à droite par les flancs boisés de la *Frèche*, dessinés en zigzags.

Arrivé à la jonction du chemin de la *Picade*, on prend le large sentier, à gauche, qui mène aux prairies de *Campsaure*, où se trouve la cabane de *Pouylané*, occupée le plus souvent par des pâtres espagnols, puis on atteint le lac des *Cigognes*. Il faut, ici, laisser les chevaux et gravir à pied la distance de dix minutes qui vous séparent du sommet. Enfin, quelques pas vous conduisent à la cime.

La vue y est splendide. Les montagnes de la Haute-Garonne et de l'Ariége, les pics les plus remarquables, la *Maladetta* (3312m) montrant, au sud, son armure de glaciers ; tout cela ravit. Dans un horizon bleuâtre on voit le mont *Perdu* (3351m), et à vos pieds se déroulent les quatorze villages tristes de la vallée d'Aran, inquiète de se voir encore espagnole, parce qu'elle n'a d'autre avenir qu'une misère déroulée sur un sol fertile.

Au retour on suit la même route.

---

## Pic Antenac (2000m).

Distance (aller et retour) : 26 kilom. — Durée de la course : 6 heures.

Prix (guides et chevaux) : 6 fr. chacun.

Trajet. — Rue Legrand, rue de la Commune, allée des Soupirs, passer le pont de Mousquérès et suivre la grande route de Luchon à Bigorre pendant 4,700 mètres; arrivé là, pénétrez à droite dans la vallée d'Oueil et vous atteindrez en cinquante minutes le hameau de Maylin, situé à 8 kil. de Luchon, traversez le torrent de la Neste-d'Oueil et montez jusqu'au village de Saint-Paul (275 hab ); là commence par un sentier rapide, se dirigeant vers le nord, l'ascension du pic d'Antenac.

Arrivé au sommet le panorama qui se déroule sous les yeux du touriste est à peu près semblable à celui que l'on voit des hauteurs de Bocanère, mais l'œil embrasse d'une manière bien plus étendue le bassin de la Garonne et la cime des monts Blancs.

Afin de n'avoir pas au retour le même paysage à parcourir, nous engageons le voyageur avide d'émotions toujours nouvelles à suivre au sud les crètes des pics *Bassias* et *Laraguère* qui mènent à *Sacourvielle* et prendre à ce village la route de la vallée d'Oueil à Luchon.

## Port de la Glère (2323m)

**Et pic Sacroux.**

**Distance (aller et retour) : 37 kilom. — Durée : 8 heures.**

**Prix (guides et chevaux) jusqu'à l'entrée : 6 fr. — Jusqu'au lac de Gourgoutes : 8 fr.**

En face l'hospice de Luchon, s'élève une pente gazonnée, bosselée et couverte, au printemps, de nombreuses flaques d'eau peuplées de grenouilles.

Au fond de la gorge, alors qu'on n'aperçoit plus l'Hospice, que les flancs de Vénasque se dressent imposants, on voit, à gauche, de nombreux rochers, venus on ne sait d'où. Dirigez vos pas de ce côté, et vous pourrez voir, entre deux roches, renaître la *Pique*, source première de la *Garonne*, qui après avoir pris naissance dans la vallée d'Aran et parcouru un chemin souterrain de plusieurs kilomètres, vient reparaître là. Cette eau est très-froide, elle est tonique et digestive.

Plus loin, semblable à un four à briques, est une construction abandonnée, servant autrefois de refuge aux mineurs, qui exploitaient une carrière d'ardoise depuis longtemps abandonnée.

En face s'ouvre un sentier qui pénètre dans une forêt de hêtres, et conduit, par des rampes ménagées, jusqu'au sommet du Port, qui est le plus court passage entre Luchon et Vénasque. De là pour aller au pic *Sacroux* (2678m) montez, à droite, l'arête qui sépare le val de la *Glère* de celui des *Graoués*, situé plus à l'ouest. Vingt minutes suffisent pour l'atteindre, et vingt autres minutes vous mènent au pic sur des schistes assez perfides.

MM. de Barbande et Toussaint-Lézat, ingénieurs, présentèrent un projet de chemin de fer et le percement d'un tunnel qui avait pour but de relier le chemin de fer de Montréjeau avec le chemin de fer espagnol de Barcelone à Saragosse. C'était une belle entreprise, qui n'eût certainement ajouté que peu de chose au talent de ces messieurs; mais le chiffre de 50 millions fit réfléchir; et malheureusement pour le commerce international, on réfléchit encore. Néanmoins on a commencé un chemin de grande vicinalité qui s'arrête à l'*Hospice*.

---

## Ascension de la Maladetta (3312m).

**Retour par la Picade (2424m).**

**Distance (aller et retour) : 56 kil. — Durée de la course : 1 jour et demi.**

**Guides et chevaux : 15 fr. chacun par jour.**

Un ciel pur et deux guides sont indispensables pour cette excursion. Il faut se munir en outre de chaussures solides, de gants chauds, de cordes et de bâtons ferrés.

L'époque la plus favorable pour cette ascension est du 20 juillet au 30 août.

De Luchon au port de Vénasque (voir page 92).

De la fontaine de Pena-Blanca (2500m) on se dirige à gauche, vers le plan des Etangs, qui longe le mont *Paderme*, dont l'ensemble affecte la forme du chapeau tyrolien. Le sentier qui contourne ce mont conduit en quarante minutes à la cabane du plan des *Aigoualuts*, laissant à 3 kilomètres à gauche le *trou du Taureau* (4202m), où vont se perdre les eaux du glacier de Nethou (3404m), pour reparaître à 4 kilomètres de distance au *Goueil de Joueou* (1430m), œil de Jupiter.

Du plan des Aigoualuts on arrive en vingt minutes à la *Rencluse* (2082m), échancrure taillée dans des calcaires siluriens et où disparaissent les eaux du grand glacier de la Maladetta.

Guides, hommes et chevaux passent une partie de la nuit dans cet enclos, d'une profondeur de 7 mètres sur 30 de largeur.

Vers deux ou trois heures on laisse les chevaux sous la garde d'un guide et l'on commence l'ascension.

La flore pyrénéenne, si riche sur le parcours de Vénasque jusqu'à la Rencluse, disparaît ici. Le granit règne en souverain jusqu'au Nethou.

On suit d'abord la rive gauche de l'*Essera*. Cent pas plus loin, on traverse le torrent sur les pierres qui en encombrent le lit, et la véritable montée commence.

Assez douce au départ, elle offre bientôt des difficultés sans nombre, au milieu desquelles le marcheur le plus intrépide sent défaillir son courage et diminuer son enthousiasme.

Deux kilomètres plus loin, on est en présence des deux glaciers. Autrefois on s'élevait à pied sur l'arête qui s'étend entre le glacier de Nethou à gauche, et celui de la Maladetta à droite (*).

(*) Le 22 août 1863, Messieurs les docteurs N. Joly, Ch. Musset et A. Pouchet ont fait sur ce glacier des expériences sur l'*hétérogénie*, contradictoirement avec celles de MM. Pasteur, Flourens et Milne-Edwards, de Paris.

Les premiers affirment la *génération* spontanée, les seconds la nient.

Aujourd'hui on traverse le glacier de Nethou du nord-ouest au sud-est. Ce glacier a une inclinaison de 36 centimètres par mètre au début, de 40 centimètres au milieu, et de 48 au Dôme, près du pic.

Avant de s'engager sur la glace, guides et voyageurs s'attachent par le milieu du corps à une corde, en laissant entre eux une distance de 6 à 8 mètres, afin d'éviter le danger de s'enfoncer dans des crevasses souvent recouvertes de neige.

On pourrait très-aisément se casser les jambes en s'y laissant tomber; malheur à vous si votre guide n'est pas expérimenté.

En une heure on atteint le lac *Coroné*, le plus élevé d'Europe, qui tire son nom des nombreuses cristallisations qui le couronnent.

Trois quarts d'heure après, on gravit le *Dôme*, grosse tour arrondie, d'un accès très-pénible, et de là trente minutes de marche vous conduiront au *pont de Mahomet*, arête de glace de 30 mètres sur une largeur de 4 pieds, placée entre deux abîmes et qu'on ne peut franchir qu'en rampant; enfin, on atteint le sommet, où tout danger disparaît.

La plate-forme du Nethou a une largeur de 23 mètres du nord au sud, sur 8 de l'est à l'ouest. Elle est constituée, selon M. Leymerie, par du porphyre quartzifère ou espèce de roche intermédiaire entre le granit et l'elvan.

Nous empruntons quelques détails à M. le docteur Mony, qui dans son intéressante brochure a scrupuleusement noté ses impressions.

« Sous nos pieds, le glacier couvert de neige éblouissante, pend aux parois du Nethou. Le soleil moire ce blanc manteau, irise les cristaux de glace, joue dans les veines d'azur et borde l'angle vif des crevasses d'un liséré de diamant.

« Au nord, du seul côté accessible, la pente est relativement modérée; mais à l'est le glacier arrondi vers son sommet s'incurve tout-à-coup, tord ses reins, les sillonne de crevasses horribles, et précipite ses flancs verticaux au fond de l'abîme où le regard les abandonne épouvanté.

« Des deux autres côtés, le Nethou (4404m), complétement à pic, et entouré de précipices vertigineux. Au sud, les sauvages profondeurs de Malibienne; à l'ouest, la neige et le lac Coroné (3419m). Il y a des jours où les nuages couvrent l'un et l'autre côté des Pyrénées. Ces jours-là, on ne voit rien. Il y a d'autres jours, rares à la vérité, où le nord et le midi, l'est et l'ouest, n'offrent pas un nuage; ces jours-là, ce qu'on découvre du haut de la montagne est peut-être le plus magnifique spectacle que l'homme puisse contempler.

« De l'occident à l'orient court la grande chaîne, hérissée de sommets sourcilleux; de chacun de ces sommets, comme de la tente d'un chef, s'étendent en rayonnant des lignes d'autres sommets : ce sont les chaînes secondaires, et de ces chaînes, décroissantes à mesure qu'elles s'enfoncent dans l'horizon, se détachent successivement d'autres chaînes qui, parallèles à la chaîne principale, courent au-devant les unes des autres, entrecroisent leurs digitations et découpent les vallées.

« Les vallées, étroites et sombres au pied des glaciers, s'élargissent et s'inondent de soleil à mesure qu'elles avancent vers la plaine où viennent mourir les dernières ondulations de la montagne.

« De chaque glacier descend un torrent qui, devenu ruisseau dans la vallée, devient rivière dans la plaine. »

M. le maire de Luchon, dit encore M. Mony, a fait porter au pic de Nethou une boîte renfermant un registre où les voyageurs inscrivent leurs noms. Nous pensons, nous, que très-probablement c'est M. Toussaint Lézat qui a été chargé de cette mission, car son nom seul est désigné dans l'ouvrage de M. Lambron sur les *Pyrénées centrales.*

Les guides ont élevé au sommet du pic trois tours. Dans l'une, M. le docteur Lambron a placé un thermomètre à *minima* à alcool, construit par M. Bianchi, opticien à Toulouse.

Il faut opérer la descente par le pont de Mahomet. On traverse le glacier de Nethou et l'on aborde le glacier de la Maladetta à son sommet. On reprend la corde et les bâtons ferrés. On court sur un petit glacier, puis sur des rochers; enfin, on atteint le grand glacier que l'on franchit en se laissant tomber à cheval sur son bâton, et deux heures après on arrive à la Rencluse.

Une fois arrivé, on reprend tranquillement le chemin de l'Hospice de Luchon, soit par le port de Vénasque, soit par le port de la Picade.

—

## Bosost (730m).

**Retour par Saint-Béat.**

**Distance (aller et retour) : 54 kil. — Durée de la course : 12 heures**

**Prix : Voiture à 2 chevaux, 35 fr.; à 4 chevaux, 40 fr.; chevaux et guides, 10 fr. chacun.**

Après avoir traversé le village de Saint-Mamet (630m), tournez à droite de l'église, et lorsque vous serez vis-à-vis de Castel-Viel (772m), remontez à gauche le vallon de Burbe au milieu de pâturages boisés. Dès qu'on a dépassé la cascade de Sidonie (pic de Vergès), le chemin s'élève à travers une forêt de hêtres dont les racines servent de marches. Une clairière se montre près d'une grange.

Un sentier rapide et pierreux vous conduit jusqu'à un torrent où aboutissent divers chemins. Trois quarts d'heure après, on atteint la petite chapelle de *Saint-Antoine,* d'où l'on découvre le panorama de la vallée d'Aran.

A cet endroit, la route se bifurque; prenez à droite et suivez quelque temps une descente assez ardue : *Bosost,* aux toits d'ardoise, est à vos pieds; plus loin, *Lez* et ses bains; enfin le village de *Canéjan* perché comme un nid d'aigle sur la montagne.

La vallée d'Aran renferme trente-deux villages : les mœurs de ses habitants sont policées, et les maisons ont un type tout particulier que l'on ne retrouve dans aucune autre contrée.

On entre à Bosost deux heures et demie après avoir quitté Luchon. Il faut donner aux douaniers *cinquante centimes,* prix du passage de votre cheval.

La ville n'offre rien de curieux à visiter, et, si elle n'était une promenade agréable, la course de Luchon à Bosost ne présenterait que bien peu d'intérêt.

Rapprochez-vous du pont sur la Garonne ; suivez la promenade en longeant la rive gauche ; un passage s'ouvre à travers des roches brisées, un mugissement se fait entendre plus bas. Les flots resserrés se précipitent, des troncs de sapins flottent, heurtent le roc et produisent des effets de tonnerre. C'est un spectacle émouvant.

L'établissement thermal de *Lez*, d'une construction gracieuse, s'aperçoit à droite. Le logis des baigneurs se trouve dans l'ancien château (*).

Si votre promenade a été assez longue, revenez à Bosost et reprenez la route de Luchon. Mais si la course vous plaît, continuez et gagnez le hameau de *Pontaout*, qui est le pied de l'espèce d'échelle qui monte au pied de Canéjan. Le défilé commence et se resserre de plus en plus jusqu'au *pont du Roi*, frontière d'Espagne.

Le passage étroit que vous venez de franchir ex-

(*) Le village de Lez fait partie de la province de Lérida. M. Fontan, dans un tableau récapitulatif des sources des Pyrénées, signale à Lez des sources chaudes et des sources froides, dont il a déterminé seulement le degré de sulfuration. Ainsi, les premières renfermeraient 0 gr. 0089, et les secondes 0 gr. 0152 de sulfure de sodium par litre. Ces eaux sont employées en boisson et en bains; elles alimentent un établissement bien installé et très-fréquenté par les habitants de la contrée.

Mais ce que M. Fontan ne dit pas, c'est que ces eaux sont merveilleuses pour la guérison radicale de toutes sortes de rhumatisme.

plique suffisamment l'état d'indépendance dont jouit cette vallée.

On atteint le hameau de *Sérial*, puis la douane française, seule habitation qui précède le village de *Fos* (560$^{m}$, 1551 hab.). Il règne dans ce gros bourg une activité fébrile, et dans les environs un grand nombre de scieries débitent les bois descendus des hautes vallées de la Garonne.

La route d'Espagne, très-carrossable, relie *Fos* à *Saint-Béat*. On chemine dans une vallée encaissée de montagnes boisées d'un aspect tout pittoresque.

La petite ville de Saint-Béat (500$^{m}$, 1163 hab.) est située sur la Garonne, dans un défilé étroit qui sépare le val d'Aran des belles et fertiles plaines qui occupent la plus grande partie du département de la Haute-Garonne. Elle se compose de deux rues, placées chacune sur une rive, reliées entre elles par un pont de pierre. L'église n'est pas belle. Le château qui domine la ville et auquel on arrive par un escalier taillé dans le roc, fut construit pour protéger le prieuré dont on voit les ruines au-dessous Le prêtre Béat, qui s'opposa si fortement à la propagation des doctrines de Félix d'Urgel, au IX$^{e}$ siècle, donna son nom à la ville.

A peu de distance de Saint-Béat, sur les flancs d'une colline, se trouvent les carrières de marbre blanc statuaire qui sont une des sources les plus considérables de la richesse du pays.

La route se bifurque : celle de droite mène à Toulouse ; l'autre se relie à Cierp (1003 hab.), en longeant un bois à l'extrémité duquel se trouvent le lac d'*Estagnou*, les villages de *Marignac*, de *Gaud* et *Cierp*. Cierp est placé sur la route de Toulouse à Luchon et distant de 16 kilomètres; on n'a plus qu'à suivre la grande route qui traverse successivement : Burgalays, Cazeaux de Layrisse, Cier-de-Luchon, Moustajon, Barcugnas et conduit à Luchon.

—

## Pont du Roi.

**Distance (aller et retour) : 32 kil. — Durée de la course : 8 heures.**

**Prix : Voiture à 2 chevaux : 25 fr. ; à 4 chevaux : 30 fr. — Chemin de fer jusqu'à Marignac : 20 minutes.**

Le Pont du Roi, de chétive apparence, jeté sur la Garonne, relie la vallée de Saint-Béat au val espagnol d'Aran, dont le chef-lieu est Villa. Cette vallée, profondément encaissée, est dominée au sud par la Maladetta et le mont Vallier, au nord par une chaîne de monts moins élevés et que traverse la Garonne.

L'itinéraire à suivre pour cette course est identiquement le même que celui de Luchon à Bosost, décrit dans le chapitre précédent.

Après avoir passé le Pont, le voyageur aperçoit à quelques pas une maison carrée appelée *Casino* du Pont du Roi, hôtel fort bien installé que son intelligent directeur a pourvu d'une cave assortie de vins de toutes sortes. — Outre le plaisir d'y boire d'excellent vin, le voyageur pour lequel le jeu a quelques attraits peut, comme observateur, épier les émotions qu'il procure, comme acteur, y participer.

## Saint-Bertrand-de-Comminges

### et Grotte de Gargas.

Distance (aller et retour) : 70 kil. — Durée de la course : 9 heures.

Prix : Voiture à 2 chevaux : 35 fr. ; à 4 chevaux : 40 fr. ; guides et chevaux : 7 fr. chacun. — Chemin de fer jusqu'à Loures. — Correspondances pour Saint-Bertrand.

On sort de Luchon par l'allée de *Barcugnas*. On traverse rapidement les petits villages de *Moustajon*, couronné de son antique castel ; *Cier* (447 hab.), au-dessus duquel plane le hameau de *Montmajon* (23 hab.), *Burgalays* (391 hab.), dont l'ancienne église, aujourd'hui complétement en ruines, n'offre plus à la curiosité du voyageur que des murs tapissés de plantes grimpantes, gardiens fidèles de ces débris ; *Cierp* (995m, 1,003 hab.), bâti au pied d'un rocher haut de 1610m.

Déjà on a laissé derrière soi le château féodal de *Guran*, du haut duquel la vue embrasse un magnifique panorama et les restes d'une petite chapelle, bâtie par l'ordre des Templiers, et décorée de grotesques peintures.

Vous entrez bientôt dans une gorge étroite où s'abritent les villages d'*Esténos* (472m, 410 hab.) et de *Saléchan* (470m, 709 hab.); ce dernier donne son nom à la vallée. A gauche sont les bains de *Siradan* (450m) et de *Sainte-Marie* (450m). Plus loin, vous traversez encore les hameaux de *Bagizy* (468m, 154 hab.), *Bertren* (464m, 272 hab.) et *Loures* (440m, 495 hab.). A *Loures*, on trouve l'hôtel des Pyrénées, tenu par Verdier. Terrasse et jardin. Cet établissement, le plus rapproché de la gare, envoie, à l'arrivée de tous les trains, des voitures pour conduire les voyageurs à Saint-Bertrand et aux grottes de Gargas.

Au-delà du pont de Labroquère la route se bifurque, et l'on voit enfin se dresser sur le monticule Saint-Bertrand-de-Comminges (465 hab.) que domine son antique cathédrale.

On entre dans la ville par une porte cintrée et l'on s'arrête chez Gazave, où on trouve toutes sortes de provisions de bouche. L'ancienne capitale des *Convenæ* (*Lugdunum Convenarum*) est bâtie sur un terrain crétacé inférieur, grès vert, voisin du terrain tertiaire supérieur. La position de cette ville, mentionnée par Strabon, est démontrée par les mesures de trois routes romaines qui y aboutissent et qui partent d'*Ausci* (Auch), *Tolosa* (Toulouse) et *Aquæ Tarbellicæ* (Aqs) (*).

Grégoire de Tours a décrit la situation de *Lugdunum* des *Convenæ* sur le sommet de la montagne ; mais les plus grands vestiges des restes de l'ancienne ville sont au pied de la colline du val Crabère, près de la Garonne. Elle fut jadis ornée par les Romains d'un grand nombre de monuments et de constructions dont on a découvert et recueilli, à diverses époques, des restes précieux de cette nouvelle Acropole, qui, telle qu'un nid d'aigle, couronne un monticule assez élevé. Elle avait aussi un amphithéâtre, dont les ruines se voient près de la porte Majeure.

(*) Les armes de la ville sont : aux 1 et 4 d'argent, au lion de gueules qui est d'Armagnac, aux 2 et 3 de gueules à la croix vidée, cléchée, pommelée d'or de ses comtes.

En 585, elle donna retraite à Gondebaud, fils naturel de Clotaire Ier, qui s'était fait couronner roi.

Leudegésile, général de Gontran, ayant pris cette ville, la livra aux flammes, passa les habitants au fil de l'épée, et précipita Gondebaud du haut des rochers.

Ce n'est qu'au commencement du XIIe siècle que cette ville a pris le nom qu'elle porte aujourd'hui en l'honneur de l'un de ses évêques, nommé Bertrand, qui la rebâtit presque en entier.

Après avoir dépassé la ville basse qui n'offre rien de remarquable, un chemin circulaire vous conduit à un escalier de pierre de soixante-trois marches, qui aboutit à un palier où commence la rue des Comtes, qui mène sur la place de la ville, devant l'hôtel de Comminges. A l'entrée de cette rue, à droite, se trouve l'évêché; un peu plus haut à gauche, on voit un spécimen des constructions du XIIIe siècle; l'aspect de cette maison laisse deviner la terreur qui a présidé à sa construction alors que les guerres de religion désolaient le midi de la France.

Sur la place, de forme carrée, on voit à gauche un bâtiment de construction récente et dans le style du XVe siècle, servant d'habitation à des religieux Olivetains; à droite, sont des marchands de médailles, de bagues et de photographies, et en face, se trouve l'église.

La façade de la cathédrale présente une surface plane. La porte est coupée au milieu par un pilier carré, les deux côtés sont encombrés de colonnettes. — Pour pénétrer dans l'église on gravit trois marches de pierre, usées pendant huit siècles par les pas des fidèles se rendant au lieu saint. — En entrant, on est frappé de l'élévation de la voûte qui mesure 25 mètres, mais on est aussi frappé de la nudité des murs où quelques pauvres et rares tableaux sont appendus.

Les orgues sont à gauche : elles sont soutenues par cinq colonnes corinthiennes à cannelures. — Le dessous des orgues est un plafond de bois où sont sculptés : sept des travaux d'Hercule, deux gladiateurs, un guerrier et quatre musiciens. — L'une des colonnes qui supportent l'orgue supporte aussi la chaire, dont le chapeau s'épanouit comme la feuille d'un palmier. La beauté des sculptures, la profusion avec laquelle sont distribués les ornements, font compter ces orgues parmi les plus belles d'Europe.

Le sol de l'église se compose de pierres grossièrement taillées, de dalles tumulaires... Cependant, tout porte à croire que le pavé primitif était celui que l'on remarque devant la chapelle de Saint-Roch.

L'église se compose de quinze chapelles, faisant entre elles assaut de pauvreté.

En entrant à gauche, la première est la chapelle Notre-Dame, qui renferme le sarcophage de Hugues de Castillon ; le devant en est mal pavé. La deuxième est très-pauvre, dans le fond se trouve un tombeau et deux tableaux de saint Bertrand. La troisième possède une belle grille dorée, un joli autel en marbre blanc, et elle est ornée de fresques et de mosaïques, le tout est assez élégant; devant l'autel est un angle de dallage qui peut passer pour le spécimen du pavage primitif. Le n° 4 n'a qu'un confessionnal. Le n° 5, un vitrail joli. Les n°s 6 et 7 un simple autel. Le n° 8 forme le passage qui conduit à la sacristie. Les n°s 9 et 10 ont chacune un autel : la première l'a en marbre blanc. Au n° 11, montez cinq marches et vous aurez devant vous la porte qui conduit au clocher; huit marches plus haut, vous vous trouvez dans le lieu des confessions, où se trouvent sept confessionnaux, trois bancs et quelques chaises. Le n° 12 vous présentera une porte condamnée.

Demandez à un prêtre la permission de visiter le chœur, ce qu'il vous accordera volontiers.

Le chœur renferme soixante-six stalles, non compris le siége épiscopal, ce dernier est placé à droite; il se compose d'un dôme à plusieurs étages, supporté par deux colonnettes entourées de feuillages, d'arabesques et de figures d'enfants. — Il faudrait un volume pour décrire une à une les merveilleuses sculptures dont les stalles sont ornées : toute la satire du moyen-âge y a trouvé place; la mythologie tout entière s'y déroule aux yeux du visiteur; le règne végétal y montre les formes les plus fantastiques, et au milieu de ce tohu-bohu étonnant de choses magnifiques, l'idée religieuse couvre le tout d'un immense lambris. La plus belle pièce de sculpture se trouve à l'entrée du chœur à droite, c'est l'arbre de Jephté, d'un travail fin et précieux.

Afin de conserver un souvenir exact de votre

visite à Saint-Bertrand, achetez à la sacristie l'ouvrage intitulé : *Vie et Miracles de saint Bertrand*; 1 vol. in-12, du prix de 2 francs.

Avant votre entrée dans le chœur ou à la sortie, une vieille femme se présente et demande si l'on désire faire brûler un cierge : les grands coûtent 1 fr., et les petits 50 centimes. — Si vous acceptez, la femme allume le cierge et va le placer devant la chapelle de Saint-Bertrand, qui se trouve derrière le reliquaire. — La propriété de ces reliques est de faire exaucer un vœu que l'on forme avec ardeur.

Après avoir visité le chœur, le prêtre ouvre le reliquaire qui se trouve dans une sorte de corridor où brûle une lampe placée entre le chœur et la chapelle de saint Bertrand.

Un grillage renferme trois compartiments.

Dans le compartiment du milieu, le chef de saint Bertrand est renfermé dans un buste en argent doré. Le corps du saint est aussi renfermé dans une châsse en bois d'ébène. Un coffret se trouve à côté de la châsse; *on dit* que saint Bertrand le portait toujours à la main.

Au fond de l'église, à droite, montez une quinzaine de marches scellées dans un étroit escalier et vous serez dans la sacristie où vous pourrez voir, dans une vitrine, les gants, la chappe et les pantoufles raccommodées du saint.

Dans une armoire se trouve le manche de la crosse; c'est une canne d'ivoire, percée d'un bout à l'autre, assez lourde, et que la tradition fait venir d'une défense de licorne.

C'est avec ce bâton que l'évêque tua le crocodile que vous pourrez voir au plafond, en sortant de l'église à gauche.

Mais vous n'avez pas tout vu. Avant que vous ne sortiez de la sacristie, on vous montrera un registre renfermant le nom de tous les bienfaiteurs de l'église. Ce registre est mis à votre disposition; vous devez y inscrire votre nom et donner l'offrande qui varie suivant les moyens de chacun; néanmoins on ne donne pas moins de 50 centimes. A votre sortie M. le vicaire vous offrira de visiter le cloître qui est une des dépendances de l'église. Acceptez.

Les miracles opérés par saint Bertrand sont au nombre de vingt-cinq, qui tous sont consignés et détaillés dans le même volume : *Vie et Miracles de saint Bertrand.*

Nous terminerons cette longue notice par quelques traits, les moins connus, de la vie de ce prélat :

Saint Bertrand naquit à l'Isle-en-Jourdain de noble Alon Raymond de Yla et de dame Hervèze, fille de Guillaume II dit *Taillefer*, comte de Toulouse.

A l'Isle on a donné le nom de Saint-Bertrand à la maison qui a été construite sur l'emplacement où se trouvait le château de la famille.

A quinze ans il embrassa la carrière des armes, mais bientôt lassé de la gloire éphémère des armes, il quitta l'épée pour prendre l'habit ecclésiastique; ses vertus et son zèle l'élevèrent bientôt à la dignité de chanoine et archidiacre de Toulouse.

Le jour était venu où Bertrand devait succéder aux dix-huit évêques sur le trône épiscopal de *Lugdunum*. Ses vertus l'avaient fait connaître au loin, et lorsque les députés de l'église de Comminges vinrent le demander pour leur évêque, il n'y eut qu'une voix pour se réjouir de l'élévation du saint homme.

Bertrand reçut la consécration épiscopale de l'archevêque Bernard de Montaut. — Après sa consécration, il commença par relever les murs de sa cathédrale; il bâtit le cloître où se réunissaient ses chanoines qui suivaient la règle de saint Augustin.

Saint Bertrand habitait la ville basse qui se trouve au haut de la côte, dont la pente commence au pont de Labroquère; il allait, chaque dimanche, dire la messe à l'église située dans la ville haute. Il s'y rendait monté sur un âne qu'il avait coutume d'attacher aux anneaux de fer qu'on peut voir à l'un des angles de la petite place. Un jour, quelques enfants eurent la cruelle fantaisie de couper la queue du quadrupède. L'âne se mit à braire d'une horrible façon. Son maître, étonné, sort de l'église, et voit le pauvre animal se roulant dans une mare de sang.

Indigné de cette espièglerie, saint Bertrand oublia pour la première fois sa constante modération, et il appela sur les coupables tous les châtiments célestes. Dieu exauça sa prière, et pendant cinq années, la terre stérile refusa ses bienfaits aux hommes criminels qui n'avaient pas craint d'insulter à la douleur du saint prélat.

Effrayés du fléau qui pesait sur eux et profondément affligés du départ de leur évêqué, une grande partie des habitants allèrent à sa recherche, pour le supplier de revenir au milieu d'eux, persuadés que sa présence fléchirait la colère divine. Ils le rencontrèrent à quelques pas de sa maison. Son ressentiment céda à leur repentir et le fléau cessa.

Deux ans plus tard, un de ces reptiles si communs sur les bords du Nil fut importé par les preux venus de la Palestine. Echappé de son asile, le monstre faisait de nombreuses victimes. L'épouvante fut au comble, et l'on délibéra pour savoir s'il ne fallait pas tirer au sort les victimes que chaque année on offrirait à la voracité de ce nouveau Minotaure.

L'évêque intervint. Il réunit les habitants dans l'église, et, après avoir adressé des prières à Dieu, il les dirigea en foule vers l'antre où se réfugiait le crocodile.

Saint Bertrand marchait en tête, tenant la croix d'une main et une verge de l'autre. Bientôt ils se trouvèrent en présence de l'affreux reptile qui, la gueule béante, menaçait de s'élancer sur le prélat. On raconte qu'en ce moment l'homme de prière, armé de la puissance du ciel, le frappa d'un faible coup et que le monstre tomba expirant à ses pieds.

Pendant près de cinquante ans la paroisse posséda son pasteur vénéré, et pendant ce demi-siècle il dirigea dans les voies de Dieu le peuple qui lui avait été confié, l'instruisant, priant pour lui, l'édifiant par ses vertus, guérissant les malades.

Au milieu de ses devoirs religieux il fut saisi de la fièvre, il se fit porter par ses chanoines devant l'autel de la Vierge Marie, et il expira le 16 octobre 1130. Il fut enseveli au pied de l'autel devant lequel il avait rendu son dernier soupir..... Voilà pour la légende.

En sortant de l'église, vous pourrez visiter le joli bâtiment occupé par les Olivetains; l'église en est nue, rien aux murs. Elle possède un simple autel orné d'une copie de Murillo, représentant l'*Assomption de la Vierge* et une chapelle éclairée par sept vitraux.

Après avoir quitté la ville et avant de descendre l'escalier, arrêtez-vous un instant sous le belvédère qui le précède, et de là vous pourrez admirer l'un des plus beaux panoramas du monde.

L'industrie de ce village se résume en un grand atelier de marbrerie.

Aux environs on voit des carrières de marbre noir, une mine de cristal de roche, et deux mines de cuivre.

Après avoir passé le pont de Labroquère, construit en marbre, on laisse la grande route et l'on prend à droite le chemin qui, longeant la Garonne, conduit en un quart d'heure, à *Valcabrère* (405m).

Les maisons y sont très-bien bâties; ses deux rues sont droites : on croirait volontiers à la tradition qui fait de Valcabrère une ville importante à l'époque où florissait Saint-Bertrand-de-Comminges. Çà et là sont épars des débris de constructions romaines, dont le Musée de Toulouse, par les soins de son ex-conservateur, s'est approprié quelques spécimens.

A dix minutes du village se trouve l'église Saint-Just. Cette église si remarquable, type de l'architecture byzantine dans nos contrées, a été construite des débris d'un temple païen. Avant de pénétrer dans ce monument religieux, il faut traverser le cimetière qui l'entoure du côté nord.

Cinq kilomètres séparent Saint-Bertrand des remarquables grottes de *Gargas*, ainsi appelées du nom d'un seigneur féodal qui les avait transformées en prison où il faisait mourir ses ennemis (*). On y arrive par une vallée accidentée longeant la rive gauche de la Garonne. La route est parsemée de débris de statues, d'aqueducs et de ruines.

Après avoir traversé un petit pont, on laisse la route à droite, pour monter au petit village de *Tabiran*. De là à Gargas, on franchit une petite

(*) Des crimes plus affreux encore ont donné au siècle dernier une nouvelle célébrité à ces grottes. Un maçon, Blaise Ferrage, homme de petite taille, mais d'une force herculéenne, s'était choisi, à la manière des bêtes fauves, un repaire dans ces grottes. Il enlevait les femmes et les filles des environs, et souvent tuait à coups de fusil celles qui fuyaient. La mort même ne les mettait pas à l'abri de sa brutalité et de sa fureur. Ce monstre les coupait ensuite par morceaux et les dévorait. Il marchait toujours armé d'une ceinture de pistolets, d'un fusil à deux coups et d'un poignard. Déjà plus de trente malheureuses femmes avaient été victimes de ce cannibale, lorsqu'on parvint à l'arrêter. Il fut condamné à mort par le parlement de Toulouse et exécuté le 13 déc. 1782.

colline du sommet de laquelle on découvre la belle vallée de la Neste.

L'ouverture de la grotte regarde le nord-ouest. Elle forme, dit M. Louis Dupau, dans sa poétique notice, une arcade au-dessous de laquelle plusieurs hommes passent de front sans se courber. Jonché de débris et presque entièrement revêtu d'un spath calcaire qui se dresse en piliers, s'arrondit en monticules ou s'étend en surfaces unies, le sol s'abaisse insensiblement, tandis que d'un bout à l'autre, armée de fines aiguilles de pierre, la voûte s'élève insensiblement aussi ; de telle façon que la caverne acquiert bientôt une hauteur de 50 pieds sur une largeur à peu près égale. Sa profondeur est environ de 163 mètres.

Représentez-vous une belle nef que soutiennent des pilastres réguliers formés par la réunion des stalactites qui descendent de la voûte et des stalagmites qui montent du sol. Vous distinguez, à la clarté des torches, l'autel, le bénitier, les lustres, les grilles et même les longues fenêtres aux vitraux coloriés. — Faites un pas le spectacle change, et vous vous trouvez au sein d'un palais oriental, peuplé de colonnes, tendu de riches tapisseries, magnifiquement décoré de glaces, de candélabres et de cristaux. — Encore un pas et vous êtes dans un arsenal immense. Des milliers d'épées sont suspendues sur votre tête, et les fragments que vous voyez sous vos pieds témoignent que plusieurs se sont détachées pour venir se briser contre le bronze de ces gros canons et de ces gigantesques mortiers qui vous entourent. Les parois sont ornées de casques, de boucliers, de cuirasses étincelantes. — Avancez toujours. L'arsenal se transforme en bazar d'orfévrerie. Vous marchez entre des murs de jaspe, d'agate et de porphyre. Vous foulez des rubis, des topazes, en même temps que, retenus à la voûte par d'imperceptibles clous d'argent, des colliers de perles, des rivières de diamants se balancent au-dessus de vous. De quelque côté que vous alliez, ce sont de nouvelles merveilles.

La grotte de Gargas a deux grottes latérales. Au milieu de chacune est une fosse profonde, autour de laquelle se roule en spirale un sentier qui conduit dans une enceinte d'ordre grave et sévère, où l'on ne voit que mausolées, que statues couchées ou debout.

Tout à l'extrémité est une nouvelle fosse où l'on descend par une échelle droite. Une excavation se creuse au bas d'un difficile accès, et que termine un étroit boyau, le long duquel il faut ramper à plat ventre quelques instants pour pénétrer dans une grotte qui, par sa hauteur, sa largeur et sa longueur, est supérieure à celle que vous avez parcourue déjà. Confiez-vous sans crainte à une corde hérissée de nœuds que vos guides jetteront dans un puits, et vous pourrez admirer une troisième grotte plus élevée, plus spacieuse, plus belle et plus riche que les précédentes. C'est là, disent les paysans, que réside la fée Tibirane, femme de Gargas.

De Gargas, on peut revenir par le même chemin, ou mieux encore, traverser la Neste et rentrer à Luchon par le village de Montréjeau.

## Sainte-Marie (450m)

**et Siradan.**

Distance (aller et retour) : 45 kil. — Durée de la course : 6 h.

Prix : Voiture à 2 chevaux, 20 fr. ; à 4 chevaux, 25 fr. ; chevaux et guides : 6 fr. chacun.

De Luchon à Saléchan (470m) voyez la course à Saint-Bertrand.

L'établissement thermal de *Sainte-Marie* (67 hab.) est situé sur la route de Toulouse à Luchon, et distant de ce dernier de 25 kilomètres.

Une avenue, bordée par une double rangée d'arbres, conduit à l'hôtel Ducail. Devant est un jardin dans lequel se trouve une chapelle privilégiée.

Hôtel de l'établissement. — Appartements bien distribués à un prix très-modéré. — Un restaurant fourni par un cuisinier expert, est ouvert à toute heure de la journée.

Maisons particulières. — Les personnes qui désirent vivre d'une manière plus économique peuvent faire leur cuisine dans l'établissement et loger en ville; elles trouveront des chambres depuis 50 centimes, et, si elles-mêmes veulent faire leur ménage, le coût de leur séjour se réduira à très-peu de chose. Le pays fournit du joli pain, du veau excellent, du gibier et du poisson à discrétion ; d'ailleurs, le voisinage de Montréjeau est une garantie pour qu'on soit certain d'avoir en deux heures d'attente tout ce que l'on peut désirer.

Docteur. — Un médecin, habitué depuis longtemps à l'administration de ces eaux, est chargé du service de l'établissement.

Etablissement. — L'établissement est actuellement remis à neuf : il est élégant et commode ; il est pourvu d'un appareil balnéaire complet (douches et bains).

Les baignoires, au nombre de 20, sont si bien situées, que les malades peuvent, sans sortir de l'établissement, remonter dans leurs chambres.

Buvette. — La buvette est également dans la maison.

Eaux. — La composition chimique de ses eaux peut se formuler ainsi :

POUR UN LITRE D'EAU :

| | | |
|---|---|---|
| Acide carbonique | 0,160 | grammes. |
| Sulfate de chaux | 1,430 | — |
| — de magnésie | 0,580 | — |
| Carbonate de magnésie | 0,020 | — |
| — de chaux | 0,570 | — |

Ces eaux sont employées avec succès dans les inflammations subaiguës des viscères abdominaux, dans les métrites subaiguës, dans les engorgements du foie, de la rate, du pancréas, du mésentère et de l'utérus, dans les dyspepsies, les gastralgies, les migraines, l'hystérie, l'irritabilité exagérée du système nerveux, dans les coliques néphrétiques, les catharres vésicaux de la gravelle, dans les dérangements des flux menstruels et hémorrhoïdaux, enfin dans les maladies cutanées chroniques.

Associées aux eaux ferrugineuses, dont les sources toutes voisines sont à la disposition des malades, elles ont une efficacité non contestée dans l'anémie, la chlorose, l'aménorrhée par inertie utérine, dans l'atonie de l'estomac et du tube digestif (*).

Placées à l'entrée de la vallée de Luchon, ces eaux servent de préparation ou de complément aux personnes nerveuses et sanguines, chez lesquelles il existe encore de l'irritation des tissus. Une longue expérience a démontré les avantages de ces deux sources (Sainte-Marie et Luchon), qui paraissent ne s'être rapprochées que pour s'unir dans un même traitement pour un grand nombre de maladies.

Village. — Sa position au milieu d'un riant vallon, ses sites pittoresques, la douceur du climat, l'air vif qu'on y respire, la présence des sources ferrugineuses, les plus riches en principes minéralisateurs, font de Sainte-Marie un village privilégié par la nature.

Dans l'établissement on se réunit, on cause, on joue au billard, ou l'on va faire des promenades dans la délicieuse vallée de la *Barousse*.

Derrière l'établissement de Sainte-Marie est le chemin qui mène à *Siradan* (417 hab.), distant d'un kilomètre.

(*) Les eaux de Sainte-Marie sont administrées non-seulement en bains. mais encore en boisson; elles sont exportées dans toute la France et expédiées sur la demande des malades.

A quelques pas le chemin tourne à droite; à cet embranchement, sur un exhaussement de terrain, se trouve un *écho*.

La route est peu ombreuse. En dix minutes on arrive auprès d'un abreuvoir pour les chevaux; encore quelques pas et un mur en angle aigu sépare le village de l'établissement.

L'église est pauvre; un tableau de l'*Assomption de la Vierge*, par M. Gorse, orne l'autel. La voûte est nue.

L'établissement a dix cabinets à deux baignoires. La façade est ornée de colonnes en bois peint. Un jardin agréablement tracé est devant l'établissement.

Il existe à Siradan quatre sources : deux sulfatées calciques et deux ferrugineuses bi-carbonatées. Les premières alimentent l'établissement thermal, les secondes sont employées en boisson.

1° Source sulfatée calcique :

POUR UN LITRE D'EAU :

| | | |
|---|---|---|
| Acide carbonique libre.......... | cent. cub. | 18 |
| Bicarbonate de chaux........... | gram. | 0,2000 |
| — de magnésie........ | — | 0,0355 |
| Sulfate de chaux............. | — | 1,3500 |
| — de magnésie.......... | — | 0,2800 |
| — de soude............ | — | 0,1090 |
| Chlorure de potassium et de sodium. . | — | traces |
| — de calcium.......... | — | 0,0500 |
| — de magnésium........ | — | traces. |
| Oxyde de fer, silice, iode........ | — | traces. |
| Phosphates de chaux, matière organiq. | — | traces. |

(FILHOL.)

2° Sources ferrugineuses bi-carbonées :

| | SOURCE DE LA PRAIRIE OU SABRIEUS | | SOURCE DU CHEMIN | |
|---|---|---|---|---|
| Acide carbonique. . . . . | gram. | 0,0633 | gram. | 0,0289 |
| Carbonate de chaux. . . . | — | 0,0449 | — | 0,9602 |
| — de magnésie. . | — | 0,0055 | — | 0,0200 |
| Sulfate de chaux. . . . . | — | 0,0540 | — | 0,0160 |
| — de magnésie. . . | — | 0,0214 | — | 0,0108 |
| — de soude. . . . . | — | 0,8017 | — | 0,0017 |
| Chlorure de calcium. . . | — | traces. | — | traces. |
| — de magnesium. | — | 0,0182 | — | 0,0102 |
| Oxyde de fer. . . . . . . | — | 0,0186 | — | 0,0200 |
| — de manganèse. . . | — | traces. | — | traces. |
| Silice. . . . . . . . . . . | — | 0,0060 | — | traces. |
| | gram. | 0,1969 | gram. | 0,1751 |

(Filhol, 1847.)

Les eaux minérales de Siradan ont, sans aucun doute, la même origine que celles de Sainte-Marie, situées dans la même vallée. Elles entretenaient autrefois un lac dans lequel on les puisait pour les besoins des malades. Captées depuis quelque temps par M. J. François, elles se trouvent aujourd'hui dans d'excellentes conditions.

Elles sont employées comme digestives et reconstituantes dans les dyspepsies, les états chloro-anémiques, et aussi dans la gravelle et le catarrhe vésical.

Station très-fréquentée par les habitants des Hautes-Pyrénées.

La vie animale y est du meilleur marché. Les plus belles chambres se louent 1 fr. par jour.

On peut se nourrir pour 3 fr. par jour à la table d'hôte. On peut aussi être logé dans l'établissement et faire soi-même sa cuisine; dans ce dernier cas, la nourriture y est presque pour rien.

Attenant l'établissement est une douche ascendante qui fait le plus grand bien.

Dans l'établissement on trouve : la boulangerie, l'épicerie, la boucherie à des prix faits pour exciter la convoitise d'un habitant de grande ville.

A Montréjeau on trouve une voiture pour Siradan qui transporte gratuitement. Les malades peuvent aller à Luchon pour 2 fr., aller et retour.

---

## Barbazan (450m).

Distance (aller et retour) : 34 kilom. 205 mètres. — Durée : 7 heures.

De Luchon au pont de Labroquère (voir page 128).

C'est dans l'angle le plus reculé à l'orient de la vallée de Comminges, qu'est situé le village de Barbazan (517 hab.), à 4 kilomètres de Saint-Bertrand-de-Comminges, à 8 kilomètres de Montréjeau (500m), et à 12 kilomètres de Saint-Gaudens, au pied d'une montagne de 182 mètres.

Dans *les Trois sources de Barbazan*, le Guide le plus complet du malade et du touriste qui veut visiter le pays de Comminges, M. Descaillaux nous dit :

« Du pont de Labroquère où l'on quitte la route « impériale de Luchon, on arrive par un chemin « large et uni. Des maisons blanches qui s'élèvent « en amphithéâtre présentent de loin un aspect « tout-à-fait pittoresque, et donnent une idée « assez exacte du bien-être et de l'aisance qui

« règnent dans ce village, le plus riche de la « vallée. On y voit des habitations vastes, élégantes « et de bon goût. »

L'église se fait remarquer par sa simplicité.

L'établissement thermal est peu considérable; il est alimenté par trois sources situées à peu de distance l'une de l'autre. Celle qui sort dans l'intérieur de l'établissement est la plus importante.

L'établissement renferme huit cabinets de bains et leurs buvettes. Une large galerie s'étend d'un côté à l'autre des thermes et sert de salle d'attente aux baigneurs.

La composition chimique des eaux des trois sources peut se résumer ainsi :

POUR UN LITRE D'EAU :

| | S. PRINC. | S. DU SUREAU. | S. DU SAULE. |
|---|---|---|---|
| Acide carbonique libre. . | gr. 0,4200 | gr. indiqué. | gr. indiqué. |
| Sulfate de chaux. . . . . | 1,5040 | 0,534 | 0,448 |
| — de magnésie.. . . | 0,3080 | 0,220 | 1,190 |
| — de soude. . . . . | 0,0180 | traces. | |
| Carbonate de chaux. . . | 1,1300 | 0,087 | 0,079 |
| — de magnésie.. | 0,0540 | | 0,017 |
| Peroxyde de fer. . . . . . | 0,0015 | » | » |
| Chlorure de sodium.. . . | 0,0095 | | |
| — de calcium. . . | traces | 0,054 | 0,061 |
| — de magnésium. | | | |
| Albumine . . . . . . . . | traces | | |
| Silice. . . . . . . . . . . | 0,0140 | | |
| Iode. . . . . . . . . . . . | | indices. | indices. |
| Phosphates. . . . . . . . | traces | | |
| Matière organique.. . . . | | | |
| | gr. 2,4585 | gr. 0,895 | gr. 0,795 |

(O. HENRY.)

« Les propriétés curatives de ces eaux, dit M. « Cazaugrand, se déduisent d'un effet incontesta- « blement apéritif, diurétique, et principalement « purgatif. Elles produisent les meilleurs effets « dans les cas de pléthore abdominale qui entre- « tient les irritations de cette cavité sous forme « de dyspepsie, de constipations, de flatuosités, de « douleurs lombaires, d'affections hémorrhoïdales, « de jaunisse apéritique avec engorgement du « foie ou de la rate, et principalement dans les « cas de fièvre intermittente, n'importe le type, « lorsque le malade tombe de rechute en rechute « et n'éprouve plus de bons résultats de la quinine.

« Ainsi encore, dans les maladies des voies « urinaires, catarrhe vésical, irritations des reins, « urines sablonneuses, etc. »

Les ressources de Barbazan sont petites Point d'hôtels luxueux, point de bals, point de voitures, mais en revanche de bonnes auberges et un grand nombre de maisons particulières où l'on peut faire soi-même son ménage. On y trouve du gibier, du poisson, des légumes, des fruits excellents; puis des points de vue ravissants, des vallons ombreux parsemés de lacs, de fleurs, de canaux.

Le *château*, placé sur la pointe d'un roc comme une sentinelle vigilante, a été réparé par M. le duc de Rovigo.

Les promenades ont pour but : la forêt des hêtres de Sarq, le bosquet des bains, dont le délicieux paysage invite à la rêverie ou bien encore les rives tranquilles du lac.

## De Bagnères-de-Luchon à Bagnères-de-Bigorre

**Par la Montagne.**

Distance (aller et retour) : 77 kilom. — Durée : 12 h.

Prix, en voiture : de 60 à 80 fr.

Deux routes carrossables conduisent le voyageur à Bigorre : l'une, *par la plaine*, traverse, sur un parcours de 76 kilomètres, Saint-Bertrand-de-Comminges (515$^{m}$), Montréjeau (500$^{m}$) et les landes de Lannemezan (610$^{m}$) ; l'autre, *par la montagne*, passe par le col de Peyresourde (1545$^{m}$), le bourg d'Arreau (698$^{m}$) et le col d'Aspin (1497$^{m}$). C'est par cette dernière route que nous proposons au lecteur de nous accompagner.

Il faut sortir de Luchon par l'allée des Soupirs, traverser successivement quatre ponts échelonnés sur la grande route, dominés par les villages aériens de Cazarilh et Trébons, et on arrive par des pentes quelquefois un peu arides jusqu'à la chapelle Saint-Aventin.

Après avoir passé le village de Saint-Aventin (900$^{m}$), on voit à gauche un premier hameau du nom de *Castillon* (970$^{m}$, 215 hab.), où Bernard VI se réfugia pour échapper aux Aragonais; puis Cazaux (970$^{m}$), situé du même côté, entre la route et le torrent, tandis que son église est à droite.

La route laisse successivement sur les côtés quatre villages qui composent le haut Larboust. Elle ne rencontre d'autres habitations que celle du relais de poste, dit de Portet, parce qu'il est sur le territoire de cette commune.

La montée est rapide, malgré les sinuosités que la route décrit. On chemine au milieu de beaux pâturages, et l'on traverse le *col de Peyresourde* sur la limite des départements de la Haute-Garonne et des Hautes-Pyrénées. Quand on a passé les premiers tournants de la route, on embrasse dans presque toute son étendue la riante vallée de Louron, animée par de nombreux villages perchés sur les hauteurs.

La route devient de plus en plus pittoresque et rapide; on atteint bientôt *Lourdevielle* (1000$^{m}$), aux rues étroites, *Génos* (925$^{m}$), renommé par ses carrières d'ardoise; *Adervielle* (927$^{m}$), *Avejan* (900$^{m}$); enfin, le bourg de *Bordères* (850$^{m}$), où se trouve le château de Jean V.

On descend la verdoyante vallée de Louron, et après avoir traversé un pont très-pittoresque, on chemine dans la vallée d'Aure où se trouve le bourg d'*Arreau* (698$^{m}$). Rien ne doit arrêter le voyageur. La route se bifurque à gauche et court au milieu d'un pays souverainement enchanteur.

De quelque côté que se portent les regards, on ne voit que sources, lacs, rivières, cascades, montagnes boisées, villages, détours sans nombre qui, déplaçant sans cesse le point de vue, ne laissent jamais en repos l'admirateur le plus insouciant.

Le point culminant de la route est le *col d'Aspin* (1497$^{m}$). Descendez de la diligence, précédez-la, et gravissant à droite jusqu'au sommet du mont, vous aurez le plus beau panorama qui puisse se voir dans les Pyrénées.

Voici les noms des pics qui dominent la chaîne des monts. A votre extrême droite se montrent : le mont *Sacon* (1528$^m$), déprimé au sommet; le pic de *Montespet* (1849$^m$), laissant voir sa pyramide; le pic de *Crabères* (2629$^m$), aux flancs échancrés; le *Montné* (2147$^m$); le pic d'*Espareilles*, au triple sommet; le pic de *Forcanade* (2882$^m$), affectant la forme d'une fourche; presque en face, la *Maladetta* (3312$^m$), ainsi nommée parce qu'elle ne fournit aucun pâturage; puis, enfin, vers la gauche, se montrent seize pics, la plupart couverts de glace, et qui semblent se mêler, se confondre, se hausser les uns derrière les autres pour vous regarder passer.

Bientôt s'offre à vos regards, sur le versant d'un coteau, une vaste entaille qui s'agrandit chaque jour par l'exploitation d'une carrière de marbre vert aux capricieuses veines blanches et rouges.

On traverse le *Gave de Payolle*, puis l'*Adour*, et l'on arrive au petit village de *Sainte-Marie* (450$^m$). A partir de là, on court dans la vallée de Campan, d'une longueur de 12 kilomètres, traversant le village de *Baudéan* avant d'arriver à *Bagnères-de-Bigorre* (567$^m$).

Ce chef-lieu d'arrondissement est heureusement situé. Il est peu distant de Tarbes, sur la rive gauche de l'Adour, au bas de la colline autrefois appelée *Monte Crabarde* (Mont des Chèvres), et aujourd'hui le mont *Olivet* (814$^m$). Sa position, une des plus pittoresques des Pyrénées, a inspiré des vers à du Bartas et à bien d'autres muses. L'Adour fertilise le sol qui l'entoure; des collines cultivées bordent son horizon, que domine au loin le *pic du Midi*; des eaux limpides entretiennent dans ses rues une perpétuelle fraîcheur.

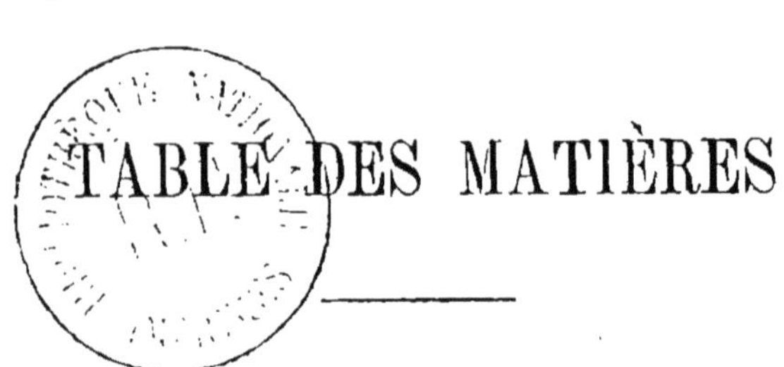

# TABLE DES MATIÈRES



**Tarifs et renseignements.**

**Les Eaux de Luchon.**

**Partie historique et pittoresque.**



**Promenades hygiéniques.**



**Excursions en voiture ou à cheval.**

Toulouse, imp. Pradel, Viguier et Boé, rue des Gestes, 6.

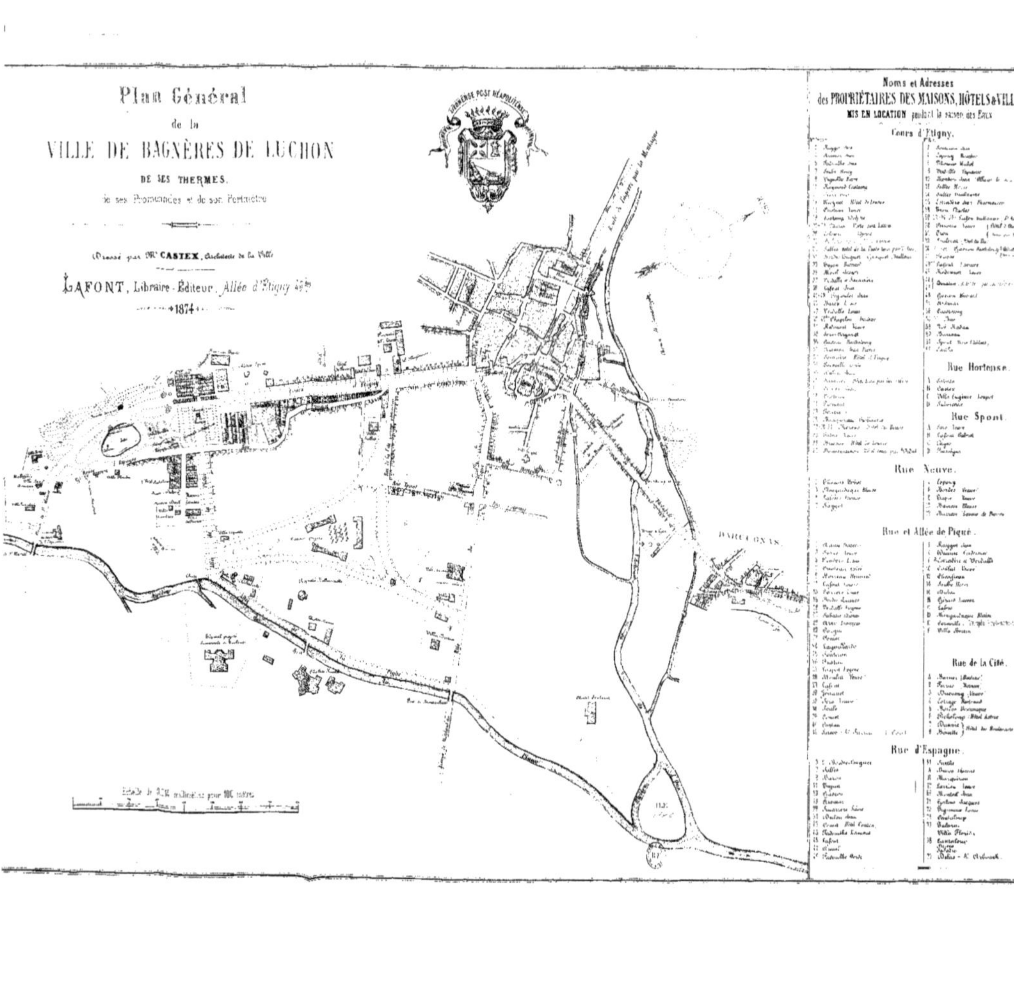
Plan Général
de la
VILLE DE BAGNÈRES DE LUCHON
DE SES THERMES,
de ses Promenades et de son Périmètre
Dressé par Mr CASTEX, Architecte de la Ville
LAFONT, Libraire-Éditeur, Allée d'Étigny
1874
Noms et Adresses
des PROPRIÉTAIRES DES MAISONS, HÔTELS & VILLAS
MIS EN LOCATION pendant la saison des Eaux
Cours d'Étigny.
Rue Hortense.
Rue Spont.
Rue Neuve.
Rue et Allée de Piqué.
Rue de la Cité.
Rue d'Espagne.
BARCUGNAS

www.ingramcontent.com/pod-product-compliance
Ingram Content Group UK Ltd.
Pitfield, Milton Keynes, MK11 3LW, UK
UKHW020145200726
13856UKWH00003B/862

9 782013 064446